平凡社新書
761

春画に見る江戸老人の色事

白倉敬彦
SHIRAKURA YOSHIHIKO

HEIBONSHA

春画に見る江戸老人の色事●目次

はしがき……5
老爺の色事……9
老婆の色事……85
老夫婦の色事……129
図版一覧……170
あとがきにかえて……172
解説――聞きそびれたことなど　上野千鶴子……175

はしがき

昨今、老人の性《セクシュアリティ》なかんずくその性行為についての論評が、週刊誌の特集を含めて賑やかである。否定的であった老人の性を肯定的に見るという点では歓迎すべきとは思うが、いまさらの観がなくもない。老人の性があたかも存在しないかのように考えられて来たのは、明治以降の日本の近代化、西欧近代流の性を生殖のみに限定する考え方の普及によるものだ。

それでいて、男の老人の性については、暗黙裡には認められていて、無視されたのは、女の老人の性であった。女は、更年期を迎え、閉経に至ると、生殖からは脱落、女の役割からは卒業という風に考えられていた。ことばでいえば、「女の終わり」である。しかし、閉経による肉体的な変化があったとしても、女の持つ性的関心、性的欲望は、それによって終わるわけではない。

性的欲望は、男女ともに灰になるまである、というのが、江戸時代までの性的概念であって、それゆえに、男女ともの老人の性は認められていた。その証拠の一つに挙げてもよいと思われるものに、江戸時代の春画がある。春画には、多くの老爺、老婆が登場する。これは、日本春画の一つの特徴であって、世界のエロティックアートにはほとんどあり得ない事実である。ただし、全くないかといえば、ロンドンの挿絵画家トーマス・ローランドソン（一七五七—一八二七）のみは、老爺の登場する一連の水彩画を描いている。そこでの老人は、傍観者であり窃視者でありといった役割を演じていて、性行為に直接参画することはない。それでもこれは、例外中の例外である。

性を生殖のための性に限定すれば、生殖能力を失なった老人などは、性の世界から除外されてしまうのも当然といえよう。中には生殖能力を保持している老人もいたろうが、それは例外として秘かに許容されてもいたが、そのことが表面に出て来ることはなかった。

しかし、日本では、老人の性は許容されていて、老齢になってから子どもをもうけた者の記録も残っているし、隠居（男女とも）が妾（男妾も）を持つことも、経済的余裕さえあれば、普通であった。そして、こうした現実を反映して、春画の中にも老人が結構な数描かれたのだ。もちろん、性的能力を失なった寂しい老人や孤独で哀れな老人もいる。川柳などでは、もっぱら老人の不如意ぶりをあげつらっているが、これは、川柳の決まりみたいなもので、それが全てではない。

春画では、もっと元気な老人、中には絶倫を誇る老人なども登場する。また、老夫婦での交合場面なども描かれていて、どうしたら交合に成功するかの方法なども描かれる。すべからく性を肯定的に捉えていることは確かである。春画は、フィクションであるから、それらの全てが現実だなどという気はさらさらない。だからといって、フィクションと現実という二分法には簡単に与《くみ》したくない。現実があって、そこからフィクションが浮揚するのであって、別に対立的に捉える必要性はなかろう。

ともあれ、決して多いとはいえないが、老人たちの登場する春画を拾い出し、それを、老爺、老婆、老夫婦の三章に分け、おおよそ年代順に並べて見て行こうと思う。彼らの種々《さまざま》な性行動を眺めることで、江戸時代における老人の性に対する考え方、処し方が見えて来るだろう。

時には涙ぐましくもあり、ユーモラスでもある彼らの性行動は、日本人の性意識の原像でもあるといって、決して過言ではあるまい。もちろん、人間の性行動といったものは、健気《けなげ》であり、かつ滑稽なものであり、時には当人にとっては一大事といったものだが、それ以上でもそれ以下でもないと考えるべきものではなかろうか。そこに倫理観を持ち込んでその善悪を論じてみたり、実際行動を規制し、多くの禁止事項などを設けたりするから、かえって頭脳部分が肥大化してしまい、重大事となるのである。

土台、人間の性行動に規制を掛けること自体間違っていたということだろう。現に一九六八年以降、ヨーロッパは、ほとんどの規制を解除した。だからといって何か混乱が生じたかといえば、そんなことはあるまい。もともと規制のなかった日本において、明治時代に作られた、移入された規制がいまだに残っているとしたら、それは、愚かなことである。

老爺の色事

近頃また、老人の性がいろいろと話題にのぼることが多い。その場合、老人とはいかなる者かといえば、それは、男の老人すなわち老爺のことだという。ある女性研究者によれば、「老人の性とはじつはお爺さんの性なのよ」ということになる。たしかにそうだろうし、多くの視点が男の老人が、どう若い女性とつきあい、いかに交接できるか、といったハウツーものになっている。たぶん、近代においては、そのように老人の性が語られて来たのだろう。しかし、江戸時代においては、老人の内には、老爺や老婆もいたことを忘れてはならない。

それはともかく、当時においては、老爺とは、「隠居爺」のことで、大体四十くらいで隠居する者が多かった。しかし、いくら人生五十年といわれていた当時といえども、七十、八十まで生きる者もかなりいたのだから、そこに性の問題が生じても何ら不思議はなかった。隠居爺の得意とするものは、若い妾を囲うこと、吉原へ出かけていって、若い女郎すなわち振袖新造を買うこと、それが小咄や川柳などでのお定まりのテーマだった。それに加えて、老爺の不如意振りをあげつらうかのどちらかであった。

しかし、春画では、じつに種々《さまざま》な老爺が描かれていて、観ていてほほえましくなる。まずそれらを図柄中心に眺めてみようと思う。

菱川師宣《ひしかわもろのぶ》の『恋のむつごと四十八手』（墨摺大本《すみずりおおほん》一冊、延宝七年＝一六七九頃）の一図に、少し不如意らしき老爺が出て来る。相手は若い妾か、「添手」と題されていて、老爺の懸命なさまが見ていて切ない。

多くは老人のためといへり。また粗相《そさう》なる人、心をせくかたにはよしと聞《きこ》ゆ。

というのだが、これによって交合に成功するかどうかは保証の限りではない。図柄を見る限り、それはどうも困難のように見える。

なお、老爺の不如意のことを萎陰《なえまら》といい、あるいは「提灯《ちょうちん》」、「筵冠り《むしろかぶり》」ともいう。だからそれが勃起したさまを「筵破り」といったりもする。あるいはまた、

○新造ハ干シ大根によりをかけ　末三

と、「干し大根」に擬《なぞら》えたりもする。ここでの眼目は、「縒《よ》りをかけ」にあるのだが、これには二重の意味があって、老爺の萎陰に縒りをかけるか、新造が老爺に気に入って貰うために腕に縒りをかけて接待するか、の二通りが考えられる。ふつうに考えれば、新造が手《て》

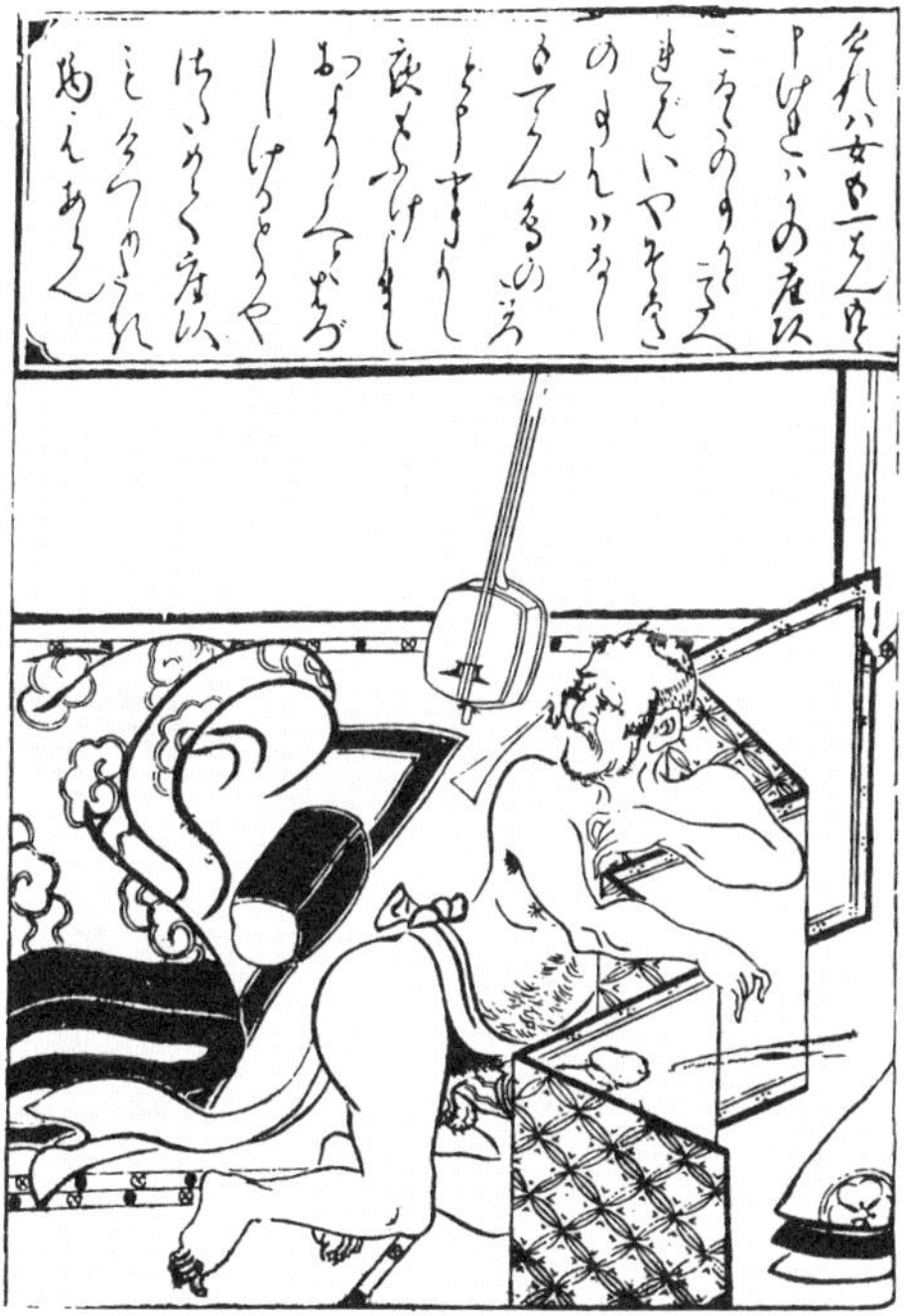

管《くだ》を弄して老爺をその気にさせるというところだろう。前者については、のちほど具体的に論じることにする。

同じ師宣の『絵本雑書《ざっしょ》枕《まくら》』（墨摺大本一冊、延宝六年＝一六七八）にも、荷やっかいな老爺が出て来る。

さる人一儀をくわだて、爰《こゝ》をせんどゝいたしける。其夜も、市《いち》といふ座頭の泊まりてありけるが、聞《き》き付心地よき事に思ひ、かゝばやなと思ふ折ふし、かの男うへよりおくたびれもぞんぜいてい、と申ければ、女、も一ばんも、と申ければ、かの座頭こなたの事か、とこたへれば、いやそなたの事にてはなし。も一番鳥の頃かと申事にて、夜もふけこまし、およ り候へ。とはゞしけると

かや。さだめて座頭もけづりたる物にてあらん。

ある一家に泊まった年寄りの座頭（盲人の按摩）が、主人夫婦の夜の営みに耐え切れず、枕屏風を突き破ってしまった、という図である。なんとつきあい（けずる）の良い座頭かな、というところが笑いの落ちである。

座頭さえいなければ、夫婦のきわめて穏やかな睦事《むつごと》の情景といったもので、武家の平和な日常生活がうかがえる。その点では、この座頭は、性愛の場での邪魔な侵入者と位置付けられている。老人の一つの典型であり、まだ色気の抜けない老人の筵破りの一例である。

鳥居《とりい》清信《きよのぶ》の『欠題組物《けつだいくみもの》V』（墨摺大判十二枚組

物、宝永五年＝一七〇八頃）にも、このような邪魔な侵入者が描かれている。息子夫婦の営みに耐え切れず、老爺がちょっかいを出したものだろうか。嫁に髷《まげ》を捉えられてしりぞけられている。実際にはあり得ない図柄であろうが、それだけに独り身の老人のわびしさ、寂しさがにじみ出ているともいえる。と同時に、老人といえども色気（性的欲望）は簡単には抜けないといういうか、しっかりと保持していたことを物語っていよう。

では、連れ合いもなく（亡くなって）、独り孤独をかこっていた老人は、いったいどうしていたのだろうか。

一つの便法といっては何だが、同じ清信の『閨屏風《ねやびょうぶ》』（墨摺大判十二枚組物、正徳元年＝一七

一二）では、老爺が春画絵巻を見ながら、独楽（マスターベーション）に到らんとしている。その老爺の脇腹に片肱をついて眺めている女は妾だろうか、とすれば、この老爺は、春画を刺激剤として活用していることになる。立ち去ろうとする小女の眼差しが萎えた男根にそそがれているのが、いかにもおかしい。

それはそれとして、この老爺の老後は、どうやら平安らしい。画師の眼も暖かい。

同組物には、もう一図老爺が出て来る。こちらの老爺は、蚊帳《かや》の中で眠りこけている。それをよいことに、若い妾は、下半身を蚊帳の外に出して、若衆に身をまかせている。しかも、頬杖をついて愛しそうに若衆を眺めているところなどは余裕である。

もうこの当時から、妾は、浮気するものだというのは、一般的な認識ででもあったのだろうか。

しかし、中には妾などを持てない老爺も多い。奥村政信《おくむらまさのぶ》と思われる『艶《え》本《ほん》姫鑑《ひめかがみ》』（墨摺横本三冊、宝暦四年＝一七五四頃）を見ると、若夫婦の戯れを隣室から覗いていて、「もう、たまらぬ〳〵」とせんずり（マスターベーション）をかいている。これもまた、寂しい老人の一つの在り方である。どうやら老爺の旗色が悪いけれども、考えようによっては、先の屏風破りの座頭といい、若夫婦にからみつく老人といい、そしてこの老人といい、男根をおやしている（勃起している）ところから見て、まだまだ機会さえあれば交合可能なのだから、元気なものだともいえる。必ずしも、こうした老人ばかりではない。

政信の『珍席床《ちんせきとこ》の継席《けいせき》』（墨摺横本二冊、宝暦六年＝一七五六頃）ではどうか。

老人の恋とかけて、見世《みせ》物芝居ととく、心は筵破り。

との「なぞなぞ」が詞書《ことばがき》になっているのだが、なかなかそのようには事が運ばない。御隠居と若い妾との取組だろうが、せっかく若い女に迫られていても、「もふ、そ、できぬ〳〵」と音《ね》を上げている。その代わりに足指で玉門（女陰）をくじるなど、油断のならぬ隠居の助兵衛ぶりを現わしている。床の間にちらりと見えるのは張形《はりがた》か。とすれば、なかなか用意周到な爺さんで、不如意の場合にはこの張形で妾を満足させようとの魂胆である。

　あるいはまた、有徳（金持）なる老人への揶揄《やゆ》をもいくぶん含んでいるのか。妾を囲うほどの金

があっても、肝腎なものが役に立たなくてはどう仕様もあるまい、というからかいの気分が感じられなくもない。だからかどうか、妾相手の隠居は、不如意であることが多いようだ。

宮川春水《みやがわしゅんすい》『開中早美来《はやびき》節用《せつよう》集《しゅう》』（墨摺六ツ切小本一冊、宝暦六年＝一七五六）でも、元気のない一物をちらつかせながら、老爺が若い娘の乳房に吸いついている。「月代《さかやき》よりは乳《ち》が飲《の》みたい。さあ」と訴えている爺さんに対して若い妾は、「晩の事になされませ」と応えている。では、晩になればどうにかなるのかといえば、そこが問題で、夜も不如意なので気ばかりが焦って、昼間から戯れかかるということも考えられる。そうそういい思いばかりさせてなるものか、との批判的な眼差しが感じられる。たぶん、これが当時の一般的な見方だったかもしれない。老爺の表情がやはり切ないようだ。

また、春水の『百色初《ももいろはじめ》』（墨摺半紙本三冊、宝暦十二年＝一七六二頃）でも、色気のありそうな老爺が、若いカップルの邪魔をしている。

ぢゞい　ア、今夜はあつくてねられまい。きつい蚊だぞ。もふ只ツであろ。まずねましよ。なむあみだ〳〵。

むすめ　おやすみなされませ。わたくしはあとで三味線をさらへてから、ねますでな。ござりましよ。

おとこ　御隠居《ゐんきよ》様、申〱申、モウシイおやすみなされませ。

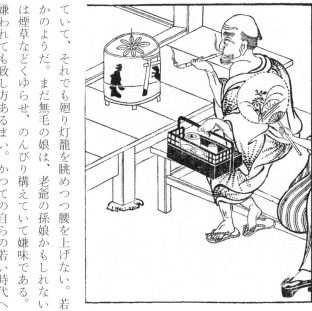

ぢゝい　ア、あいよ〱、まわります。

この爺さん、もう寝るといっていて、それでも廻り灯籠を眺めつつ腰を上げない。若い二人の逢瀬を邪魔だてしているかのようだ。まだ無毛の娘は、老爺の孫娘かもしれないが、なかなか大胆である。爺さんは煙草などくゆらせ、のんびり構えていて嫌味である。これではどうしても若い者たちに嫌われても致し方あるまい。かつての自らの若い時代への懐かしみと、若さへの嫉妬とが、胸の内に去来しているのかもしれない。

小松屋《こまつや》百亀《ひやつき》の『枕入秘曲活花二人契子《いきばなふたりけいこ》』（墨摺半紙本三冊、明和六年＝一七六九）では、これは、元気な老爺である。相方は、息子の嫁だという。

「頭痛《づつう》がするほどに来てくれとおつしやつたゆへ、御夜伽《よとぎ》にまゐりましたに、おもひがけもない無理《むり》ばかりおつしやつて、ハア、かなしや、またいきます〳〵」

「しづかによがりや。声《こゑ》が高《たか》い。此味《あぢ》では、息子《むすこ》が吸《す》いとられた

もどうり〳〵」

息子は、嫁に吸い取られて腎虚《じんきょ》（過淫が過ぎての衰弱）して亡くなったものと見える。代わりに舅《しゅうと》が相手となっているのだが、大丈夫だろうか。案外に達者な老人もいたことだから、この場合は、爺さんの方も強蔵（強精）なのかもしれない。それにしても、老妻はどうしていたのだろう。

多情な嫁と好色な舅、役者がそろえば、いずれこうなることも致し方なし、といった割り切った見方が感じられる。二人の関係を特別視するわけでもなく、人間の生理的欲求にはいたって寛容でもあった。嫁が妊娠でもすると事は面倒だが、そうでもなければ、たが

いの欲求を補い合っているだけの関係としてしか見ていない。これは、きわめてドライな関心の持ち方といってよかろう。その内実はともかく、家なり社会なりの枠組を崩さぬ限り、大抵のことが許されていた。建前と本音とをうまく使い分けていた時代でもあった。

北尾《きたお》雪坑斎《せっこうさい》の『赤尻賦《せきべきのふ》』（墨摺中折本一冊、明和八年＝一七七一頃）は、こちらは妾相手か。さて、この老爺の持物は、「提灯」かどうかはわからぬが、すぐには役立ちそうもない。だから、通常の前戯かとも思うが、江戸時代、「舐陰」は前戯ではなくて「心中立て」であったから、今さら妾に対する心中立てもあるまいから、これは、この老爺の趣味から出たものであろう。夜か昼かはわからぬが、おそらく夏の暑い盛りの昼下がりといったところだろう。老爺は全裸であるし、女も二布《ふたの》（腰巻）一つである。

　老爺は眼鏡をかけており、どうやら玉門を舐めるだけでなく、眺めることも意図しているようだ。

　老爺にとっては、一物が役に立とうと立つまいと、手の打ちようは種々あって、必ずしも交接には拘らないともいう。その一つが、女の局部を眺めることだと、かつて詩人の金子光晴（一八九五―一九七五）がどこかで述べていたが、実際彼は、八十歳になるまで若い愛人がいて、女性の陰部を見るのが好きだといっている。それでも女性の方は、充分満足していたというから、そこには何か秘訣があったのかもしれない。何か、そんなことを想像してみたくなるような図柄である。

　さて鈴木《すずき》春信《はるのぶ》の『風流艶色真似《えんしょくまね》ゑもん』（中錦二十四枚組物、明和七年＝一七七〇）の一図、ここにも、孤独な老人の姿がある。主役は、地方の養蚕農家の若夫婦、

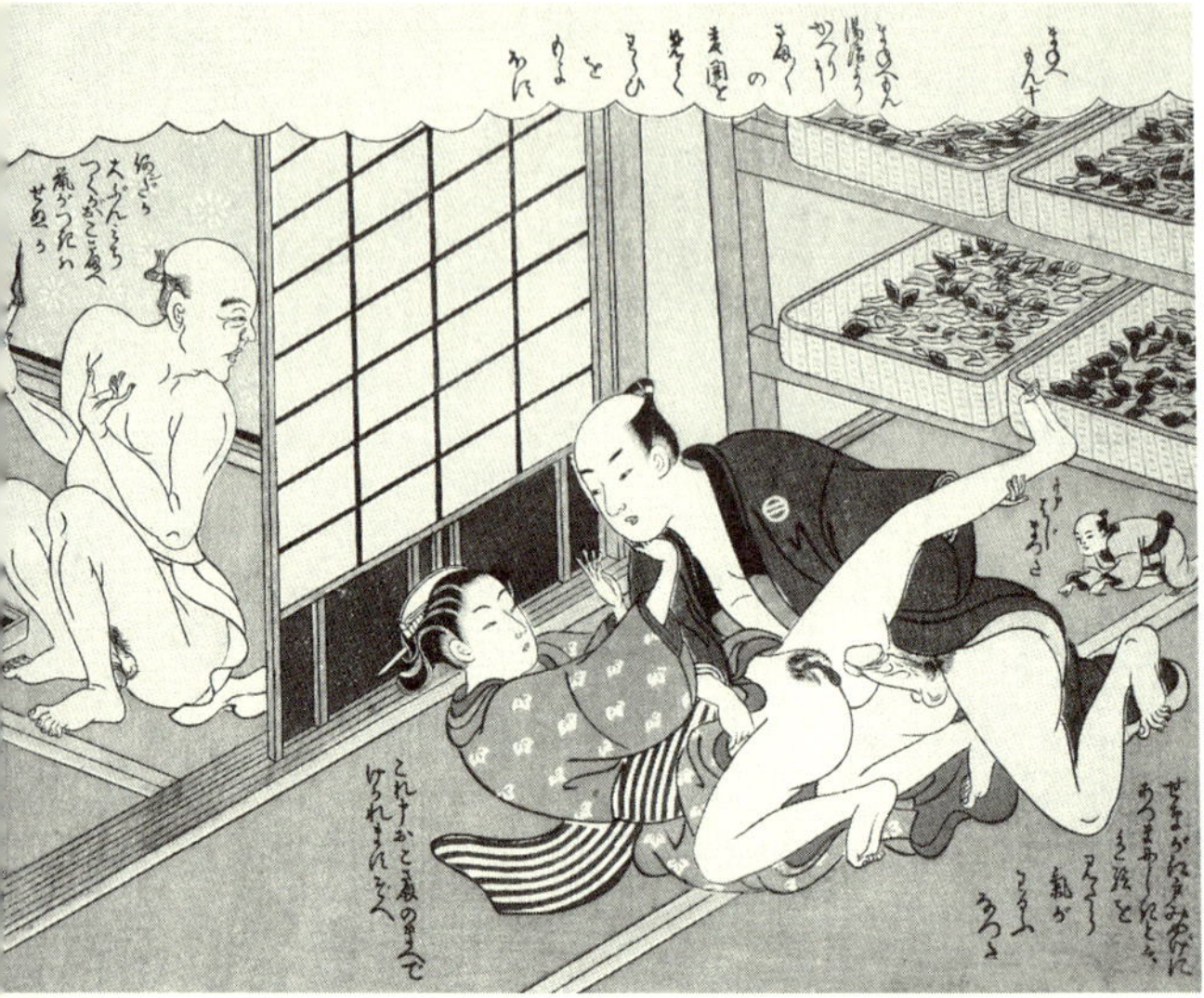

「兄《せ》ながら江戸土産に吾妻錦《あづまにしき》と云《いふ》色絵を見たら、気がわるふなつた」
「これ申《まうし》、おこさま（お蚕さま）の前でけがれますぞへ」

といったわけで、兄の江戸土産に貰った吾妻錦絵（おそらく春画）を見て、ついその気になった亭主が、蚕部屋の中で女房に一儀を迫っているという場面。隣室では裸の老爺が、

「何ッだか、大分《ぶん》みちつく（騒がしい）が、おこさまへ鼠がつきはせぬか」

と、気を揉《も》んでいる。ちょっと見当違いの反応のようにも見えるが、これはわかった上での事だろう。うっかり息子夫婦の営みにかかわって嫌われたら大変だ、との配慮があるのだと思われる。老婆も亡くなっていないとすれば、それは致し方なしの孤独の様が見える。

なお、この老爺の姿は、西川祐信《にしかわすけのぶ》の『男色山路《なんしよくやまじの》露《つゆ》』（墨摺横本三冊、享保十八年＝一七三三頃）の一図から採ったものである。男どうしの交わりを側で見ていた爺さんが、「うんすんといふは、合点がゆかぬ」といっている場面である。「うんすん」というのは、どうやら男女の交合のみということか。

覗き見で独楽というのはやはり例外で、ここでの老爺の一物は、萎えたままだ。それだけに、その心情を想うと悲しい。老年の孤独感というものは、否定のしようもなく、身に迫って来る。だから、若い娘を妾に持ったり、新造（若い見習いの遊女）買いをしたり、といった挙にも出るのだろうが、やはりそこでも意にまかせられない。しからば、いかに処するか、それについては徐々に見て行くことにしよう。

磯田《いそだ》湖龍斎《こりゅうさい》『真似《まね》鉄炮《てっぽう》』（墨摺小本一冊、明和四年＝一七六七頃）にも、老僧が邪魔な侵入者として描かれている。若い男女の交合を衝立《ついたて》越しに眺めている。

「ぼゝとやらはこれか。ア、天のしからしむる所じや」

「上人さまがおいでなさらねばよいが」

さすがに真面目な僧侶、

これまで玉門《ぼゝ》を見たことがなかったのか。「天のしからしむる所」とは、物判りがよろしい。

湖龍斎の『咲本色春駒《えほんいろはるこま》』（墨摺半紙本三冊、安永三年＝一七七四）にも、同趣向の図がある（次頁見開き）。

「申、ちとものをといましよ。ぢゞ〳〵谷《だに》へは、どうしやります」

「さきの辻番《つぢばん》でき丶な」

この老爺、どこまで本気で問いを発したものか、覗きが知られてつい言い訳したものかもしれない。覗きという習性も、老人の趣味の一つか。淋しいのだろう。どことなく孤影がさしている。しかし、それもこちらの思い込みであって、彼らは何とも思っていなかったかもしれない。考慮に入れておかねばならない。

同じく、湖龍斎の『色物《しよくもつ》馬鹿本草《ばかほんぞう》』（墨摺半紙本五冊、安永七年＝一七七八頃）の一図は、老爺と妾との組合せである（次の見開き）。詞書によれば、「摺枯《すりからし》 気味すつ辛《から》くいやみ有り。注に、わたり目かけ、かこひ小便組の類也」とあり、この妾が、「渡り妾」「囲い小便組」に類する妾であるといっている。

「渡り妾」というのは、期限付きの妾奉公で、諸家を転々と渡り歩くのでその名が付いた。いまでいえば、期限契約の愛人といったところ。「囲い小便組」も同じようなものだが、こちらはより一層悪質だ。妾奉公の契約金を取った上で、しばらくすると寝小便の癖を持ち出して契約破棄を狙うのだ。契約は、破棄を口にした方が負け、まんまと金を取ってとんずらをはかるのを常套手段としていた。だから、すれっからしといわれていて、「つやよくして中に実《たね》なし、隠居むすこをたらす有」となるわけだ。実《たね》と実《じつ》とを懸けている。

では、どのように「誑《たら》す」のか。この図の若い妾を見れば、一目瞭然たるものがあるが、その憎い言い種《ぐさ》も見事である。

「おしつけ、かたづけてやるぞ」「わたしや、いやいや〳〵。いつまでもおまへのお側にいたい。若い男は、きついきらひさ」

じつに堂に入ったものだ。自ら嫁に出してやるとのことで、娘を喜ばせようと悦に入っ

ている老爺に対してのこの言い種。老爺は、すっかりめろめろで、にやけている場合ではなかろうと思うのだが。まだまだ元気なこの老人、これからいくらむしり取られることやら、その先が見えるようだ。眼鏡をかけて読書しているようなインテリにしてこの体たらく、いずれにしろ老人は若い娘に弱いということか。

甘いといえば、次の図の旦那も同様である。北尾《きたお》重政《しげまさ》『艶《え》本《ほん》色見《いろみ》種《くさ》』（墨摺半紙本三冊、安永六年＝一七七七）の一図。詞書は、「かこわれへ髪のあるのが来てぬすみ」というのだが、「囲われ」というのは、妾宅に囲われるとのこと、武家は別宅を持つことを禁止されているから、その旦那の多くは、富裕な商家の主人か、僧侶ということになる。妾には間《ま》夫《ぶ》（髪のある）がある、が当時の常識であった。

「愚僧が丹精をみめへ」

「今、売ってへ行きなさんした」

「此丹精を知らぬが仏《ほとけ》だ」

要するに、間夫の存在にも気がつかないところが甘いわけで、妾の方は、それをよいことに、間夫と交わりつつ旦那の僧侶に応対しているのだ。

○囲われの乗せる所へ和尚来る　安七

また同書には、老人とまではいえないが、酔って寝てしまった旦那をよそに、押入で間夫と一儀に及ぶという大胆な妾をも描いている。その詞書は、

○かこはれのぢつとしてゐるたちでなし　柳多留五

となっていて、やはり妾には間夫がいるのが当然としている。

重政の『絵本当婬狂《いたしおんきょう》』（墨摺半紙本三冊、安永五年＝一七七六頃）には、侵入者としての老爺が描かれている。ここでも爺さんは惚《とぼ》けている。

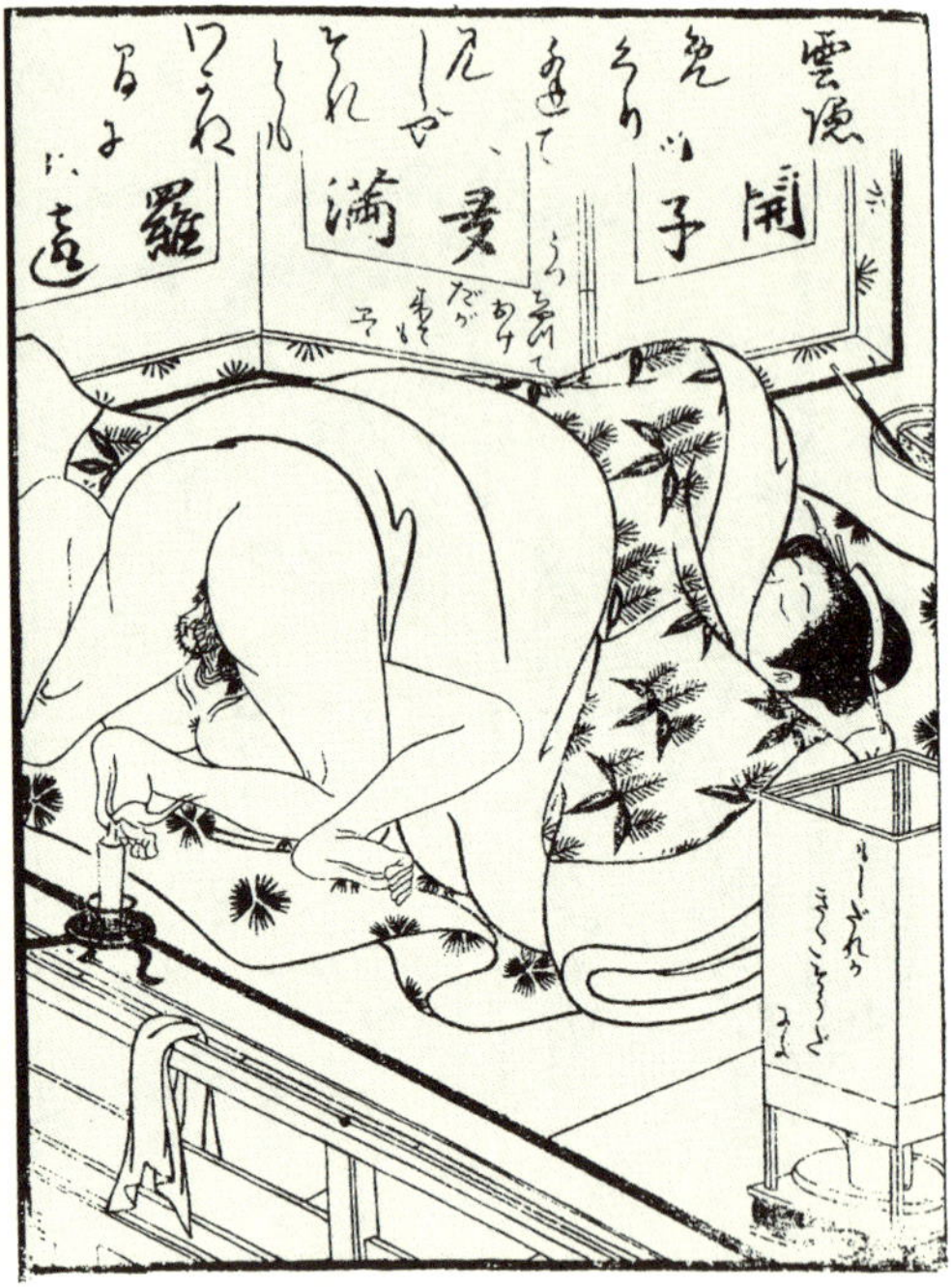

「もし、だれか来たそうだによ」
「うつちやつておけ。だが来てもヱ、」
「あんまり二階がさわがしい。又大地震《じしん》かと思つた」

息子夫婦の激しい営みで、家ががたぴししたのかもしれない。そんなことは先刻承知のはずで、手燭をかか

げて階段を登るのたから、これはどう見ても覗きを目的としていると考えざるを得ない。その空惚けた表情が見ていて楽しい。とすれば、老爺もなかなか油断のならない存在である。そこに笑いがある。

勝川春章《かつかわしゅんしょう》『色道三津伝《しきどうみつのでん》』（墨摺半紙本三冊、安永四年＝一七七五）には、管領職の坊さんが出て来る（次頁見開き）。男色で知られた芳町《よしちょう》での若衆《わかしゅ》（陰子《かげこ》）買いである。

「三津さん、かふなるからは、かわいがつて下んせや」

よし町

「管領さまは、よふ寝てじや。静かにさんせ」
「ア、、ム、、、フウ〳〵。直《なを》してやれ〳〵」

僧侶の寝たのをよいことに、遊人《あそびにん》の主人公がはいり込んで、陰子《かげこ》を物にしたといった場面。寝言で「直してやれ（時間を延長すること）」なんていっているところを見ると、この坊さん、寝た振りかもしれない。さすが管領さん、油断がならない。

なお、陰子というのは、役者見習いとはいいながら、もっぱら売色が専業である。若衆《わかしゅ》ともいう。

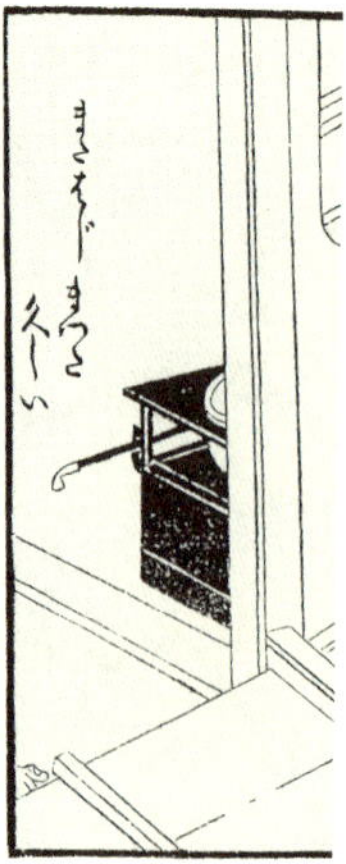

○女へ扁乃古《へのこ》（男根）男には尻《けつ》を売り　天二

というわけで、男客ばかりではなく、女客をも相手にしていたのである。女客には、有徳の後家さんか御殿勤めの奥女中が多かった。のちには、こちらの方が主流。

春章の『葉《は》男《な》志《し》那《な》三話《さんな》』（墨摺横本三冊、安永六年＝一七七七）。こちらはまた、お妾さんが、これまでとは違ってしとやかそうだ。

「またはじまつた。久しい（相変わらず）やつの。ア、気のわるい」

「これからかわいがつて下さんせ」

「これがかわゆくなくて、どうしやらうぞ」

老爺の持物が役に立つかどうかはわからないが、好色な爺さんなのであろう、若い娘の口を吸い、手弄を加えている。あるいは妾奉公ではなく、上女中としての雇われ女かもしれない。老爺がいつも女中に手を出すので、朋輩の女中が見て呆《あき》れているといったところ。とすれば、元気のよい爺様であって倖せそうだ。

また、元気が良ければ、怪《け》しからぬ振舞いにも及ぶ者が出て来よう。春章『艶美珍画番枕《つがいまくら》陸《くが》の緑《みどり》』（墨摺半紙本三冊、天明四年＝一七八四頃）には、留守番を頼まれた老爺が、転寝《うたたね》中の若い娘を犯すという図がある。で、この娘たちであるが、老爺の孫娘では不自然ではなかろうか。これもまた、上女中あたりであろうかと思われるが、はたしていかがか。

「留守居を頼まれると、こんな事が世話だ。よく眠《ね》てゐる。極楽へやつてやらふ。なんまみだぶつ〳〵」

何だかあまり納得の行かない理屈をこねている。女中に挑むというのも、おそらく今回が初めてとは思われない。あるいは一家で芝居見物にでも出掛けたものだろうか。その留守番は、老爺と女中である。そうして、この仕儀である。周囲がそれを是認していたということか。

ある程度の身分や財産があると、身のまわりの世話をする専用の女中を幾人も雇っていて、それに隠居が手を付けるなんてことも、多々あったであろうから、そう不自然な情景でもなかったのかもしれない。

一方、「こんな事が世話だ」という言い種《ぐさ》には、このように仕組まれていた気味もあって、あるいは、留守の無聊を慰めるために、臨時の相手たとえば芸者や私娼が派遣されて来ていた、ということもまんざら否定できない。とすれば、娘との交合は前提とされていたわけで、この御隠居が「世話だ」と嘆ずるのもわからなくはない。

いずれにせよ、娘たちは、老爺の遊び相手としてここにおり、老爺は、それに応えている。となれば、老人の性は、無視されるというよりも、当然のこととして許容されていたと見ることができる。当り前のことと、許容するところが立派。

そうした風潮の中では当然の事、裕福な御隠居のところには、妾奉公志願の女も押しかける。同じ春章の『會本《えほん》色《しょっ》好《こう》乃《の》人《に》式《しき》』（墨摺半紙本三冊、

天明五年＝一七八五）には、それも年増の妾志願者が出て来る。図柄で見ると、女は、御隠居の上におおいかぶさり、枕元の財布の中身を探るといったしたたかさを示している。

「手めェをかう世話をしておくからは、何でもおのしが望み次第だ」

「それ〳〵申し、いきそうだ。きつく奥の方を。ア、〳〵ウ〳〵お前の頼もしい心に惚れて〳〵、わつちや、かたづく事は嫌だによ」

いわゆる甘い隠居と狡猾な妾との取組である。この図柄の本文によると、女は、京から下って来た江戸では、「たより少なひ後家」さんで、「おまへ、わたしと母と世話しておくれる御心なら、此身はおまへにまかすわひな」と持ちかけていて、隠居の方は、「此とし寄を可愛がつてくれるなら、身の上の壱人やふたりは呑込み」と、いとも手易《たやす》く受け入れている。

女は、ここぞと抱きついて、「わたしやナ、若ひ人は実《じつ》が無ふてきらひじやわひナ」とのいつもの決まり文句を吐きつつ、「女の方からしわだらけな顔へねぶりつき、口を吸わせるその上手さ」というのだから、ひとたまりもない。京下りの後家さんが、さっそく囲い者に納まったのだ。

後家と隠居というのも、あり得べき似合いの組合せであったかもしれない。この図の隠居は、七、八年前に女房を亡くした分限者（資産家）というのだから、申し分あるまい。「隠居も久しぶりで、心がとけ〳〵と成つて一物は木のごとくなれば」と、その方の能力にも欠けていないのだから、これは立派な老後の過し方といってよいのではないか。

妾というのは、川柳や春画でも得意なテーマで、どちらかといえば先に見た「摺枯《すりからし》」のような老人相手にして、たいした努力もせずに安穏と暮しているのが、庶民の眼から見ては気にいらないものらしい。

○御隠居のお妾気を長くもち　柳多留七

十六

それゆえに、なかなか意にまかせぬ老人相手ではさぞ大変であろうと揶揄しているわけだ。

その一つ、『俳風末摘花』に材をとった鳥《とり》居《い》清長《きよなが》の『好色末摘花《こうしょくすえつむはな》』（小判錦絵四十八枚組物、天明四年＝一七八四頃）の一図。

○御隠居はめかけのせきにはみ出され

末一

というわけで、なんとか挿入までは果したのだが、途中で萎えたのか、妾の咳で一物がはみ出されてしまったという。もちろん、老爺へのからかいもあろうが、妾に対しても、ほら見たことか、との揶揄が含まれているようだ。妾は、「ヱ、気味《きび》の悪《わる》い。あれさ、マァ、おまち遊ばせ」と、自らも不本意であることを示している。しかし、老人を見る眼は、必ずしもそう冷たいとは思えない。その情けなさを含めて、他人事とは思わずに共有している微苦笑が感じられてほほえましいとさえいえる。

速水春暁斎《はやみしゅんぎょうさい》の『絵本見夜野《みよの》潤《うるおい》』（墨摺半紙本三冊、天明八年＝一七八八頃）ではどうか。

「ヱ、もどかしい、辛気《しんき》な事わいな。なろふ事な

ら若《わか》ひよい男《おとこ》に金がたんともたしたい。いつたんのにすることやら、不仕合なわしではあるぞ。自《じ》然薯《ねんじょ》も玉子もきかぬ時は、とんと効《き》かぬものじや」
「ヱ、口おしい。鉄石と思ふて居たに、つびにのぞめば残念な事かな。見ればあやしきものもなし。チインチン、チ、ンチ、、チンチリカンツ〳〵ト、チンちんぽ」
と、双方ともに嘆いている。妾を持つのもゆるくない。でも、不粋な侵入者となるよりもこちらの方がましだろう。自然薯も玉子も当時はよく知られた強精剤の一種である。老爺の嘆きはもっともだが、妾の嘆きは図々しい。若い良い男に金をたんと持たせたいとは、不可能な願望といってよい。だから隠居の妾になったのだろうに、欲張りなことよ。月斎峨眉丸《げっさいがびまる》『艶本為久春《えほんいくはる》』（墨摺半紙本三冊、享和三年＝一八〇三頃）を見ても、二人の関係は、あまりかんばしくはないようだ。

「年がよつては、酒《さけ》を飲《の》むとするより外のたのしみはない。それ、こゝかく〳〵」

「アイ〳〵、もつと奥《おく》の方《ほふ》をきつく。ア、モウ〳〵、ようて〳〵どふも〳〵、ヱ、悪《わる》ひとき、かみがとけてじれ

つたいぞ」

と妾の方も、口だけはその気のようだが、実際は眉根を寄せていて、いっこうに気乗りがしていない風だ。あるいは、金のためでもなけりゃ、誰がこんな爺いとでも思っているのか。旦那は、『湖月抄』（源氏物語の注釈書）など置いていて、かなりのインテリ隠居らしいが、年をとると「酒と女」しか楽しみがないとは、なんとも情けない。この程度が現実かと思うと、いささか寂しい気がしないでもないが、これが現実なのであろう。しかし、この旦那、下半身はしっかりと結合させているのだからまんざらでもなかろう。

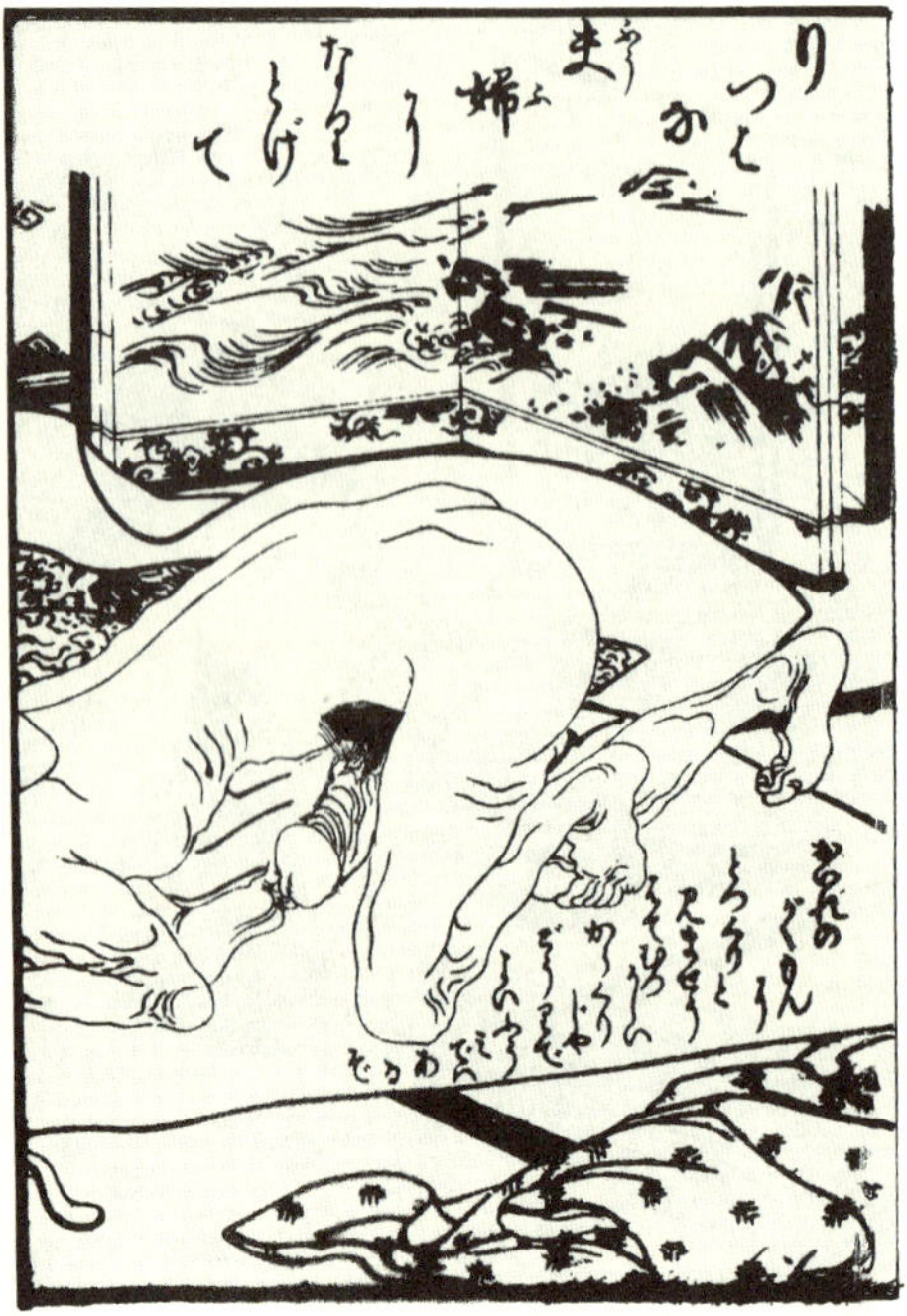

北尾《きたお》政美《まさよし》『艶本《えほん》いろは具《ぐ》さ』（墨摺半紙本二冊、天明八年＝一七八八頃）にもお妾さんらしき女が出て来る。焙烙頭巾《ほうろくずきん》をかぶった老爺が老いさらばえた身体をさらして、眼鏡をかけて、女の股間をろうそくの光で探索している。

「老後《おいれ》の学問に、とつくりと見ませう。はて、むつかしいからくりじや。道理でよい風味ではあるぞ」
「もうよしかえ、アレサ、鼻息でくすぐつたくてなりやせぬ」

老爺の一物はまだ矍鑠《かくしゃく》としていて、女は足を延ばし

てそれを足指で弄《いら》っている。既に触れたことではあるが、やはり老人は、女の局部を覗き見たいという興味を持つものらしい。詞書によると、「立派な夫婦《ふうふ》になりとげて、ぬしようちよと呼《よ》び交《か》はし」とのことなので、妾が、老妻の亡くなったあと後妻に直ったものかもしれない。眼鏡を透して覗く老人の表情があまりに真に迫っていておかしい。「老後の学問」とは恐れ入る。

同じ政美の『艶色倭瞿麦《えんしょくやまとなでしこ》』（墨摺半紙本三冊、安永九年＝一七八〇頃）では、老人ではあるが僧侶であるらしい。女は、ひそかに寺に引き込んだ大黒（僧の隠し妻）でもあるまいか。

「玉子酒のかげんで一物がいきり出た。サアこちへ寄て口を吸《す》わしや。此のたのしみが本の極楽じや」

「わたしもどふやら味《あじ》な気に成ました。帯といて、ゆる〳〵と抱《だ》きしめてくださりやせ」

極楽だといっているのだから、この坊主はまだ達者なのだろう。女も、大黒になるほどだから、結構甘え上手である。僧侶の妾といえば、外に囲うのがふつうだが、このように秘かに寺

に入れるのもあって、これを大黒と呼んだのだ。だから、

○大黒を和尚布袋にしてこまり　　柳多留三十六

すなわち、大黒を妊娠させてしまっては、和尚としては目立ってしまい、困惑の体《てい》といったところだろう。

中には、若衆姿に化けている大黒もいるのだからなおさらだ。この和尚などは、「大黒を泣せるほどの知識也　末四」と揶揄されるほどの色達者と見ることもできる。

しかし、色達者な老人というのも考えもの、とんだ災難に遭わんとも限らない。政美の

『艶本枕文庫』（墨摺半紙本三冊、天明八年＝一七八八）に、そんな図柄がはいっている。手練手管にすぐれた床上手と評判の振袖新造のもとに、伊久大尽という筵破りの髭白毛《ひげしらが》の老人が登楼した。二人は、丁々発止とばかり「昼日中でも遠慮なく、我物顔に楽しまれ、今宵も互いにとつちりきげん、しいつおさへつすればするほどふみ（玉づさという新造）は、泣くやらうめくやら」で、「エ、もふ死ヌわ、死ぬわいのう」の淫乱振りを発揮していた。

そのため、「財ある家《いへ》は賊をまねき、顔よきものは奸をひくとか」の譬えどおり、賊にはいられ、老爺は、猿轡《さるぐつわ》をかまされた上に手足を縛られるという始末。そして振袖新造も暴行を受けてしまう。調子に乗りすぎた二人への懲罰の意味も含んでいるのか。それにしても妓楼に強盗というのも考えられないから、これは純然たるフィクションであって懲罰というよりもからかいの気味が強い。

このように、妾ないし妾まがいの女が続いたが、年増女の妾は別として、他の若い妾は、やはり金銭目当てか、手管としてはともかく、本音《ほんね》のところは、それほど交合を望んでいないらしいことは、この表情に表われている。だが、それも承知の上で、老爺たちは、極楽だなんどといって楽しんでいるのだから世話がない。倖せな老人たちである。他人が何といおうと、自分たちが楽しければそれでよいのだと、達観している点など、やはり年の

功、老後の楽しみをよくわかっている。
勝川春潮《かつかわしゆんちよう》『笑本婦久阿羅恋《えほんふくあられ》』（墨摺半紙本三冊、寛政二年＝一七九〇）では、堪《こら》え性《しよう》がないというか、思いにかられて狼藉を働く座頭が出て来る。老人というには少し若いかもしれないが顔貌を見るに老人といってよかろう。客の妾を按摩しているうちにその気になってしまったのだ。

「おまへの腰《こし》をもんでいたら、まらが折れるほどおへてこたへられぬ。もふこうなつては死ぬとも離《はな》しはしねヱ。しんぜふに五、六番させな。おや〳〵むく

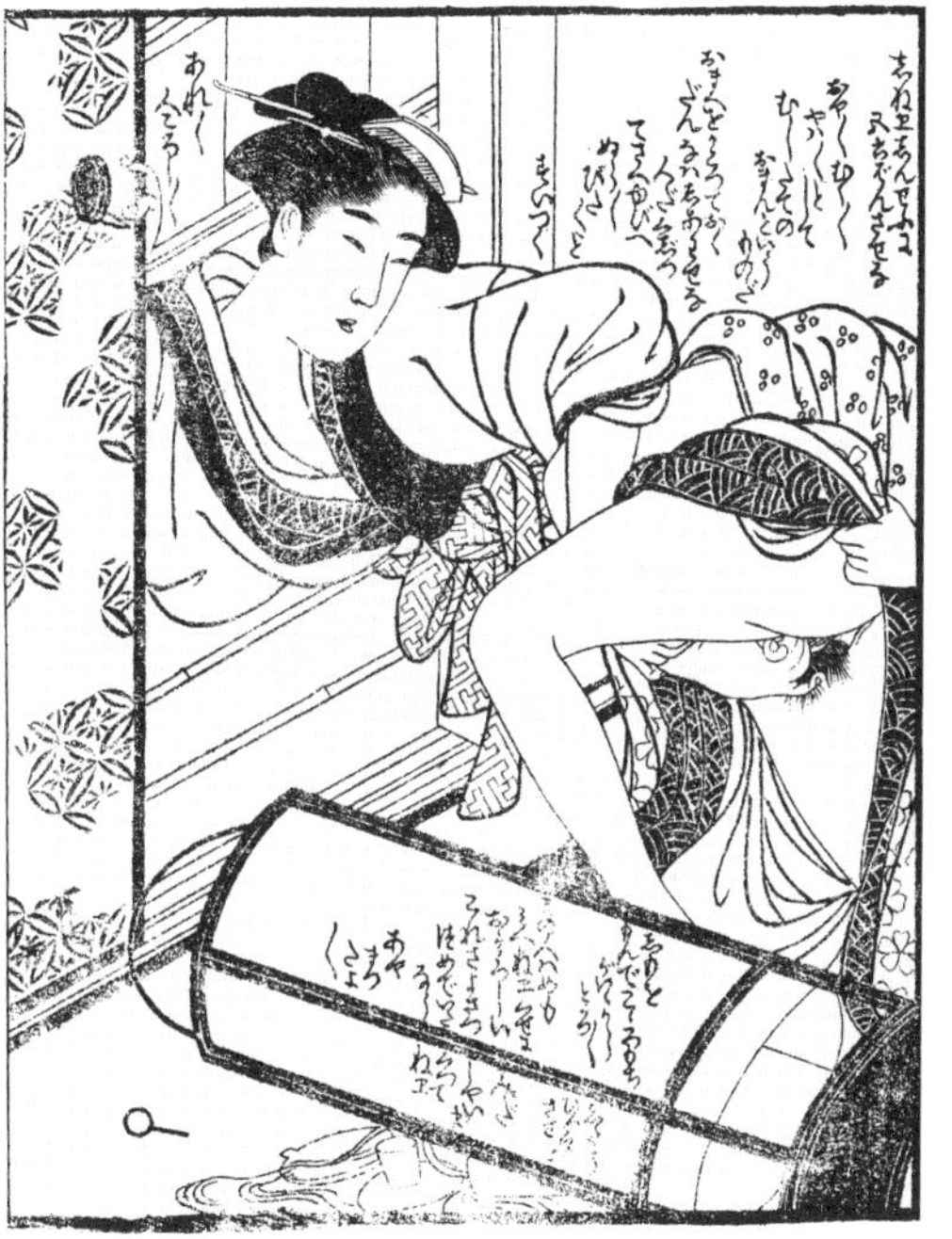

〳〵、やは〳〵として、むしたてのおまんというものだ。おまへを囲《かこ》っておく旦那《だんな》は、しあわせな人だ。くちつてさへ指《ゆび》へぬら〳〵びた〳〵と吸《す》いつく」

「あれ〳〵、人ごろし〳〵。尻《しり》をもんで心持《こゝろもち》がいゝからとろ〳〵したら、びつくりさせた。この人は、日も見へねヱくせに、おそろしい人だ。これさ、よさつしやいよ。爪《つめ》でいたくつてならねヱ。あやまつたよ〳〵」

という次第、はたしていかなる結末となることやら。飼猫が加勢に出て、勃起した男根に噛み付いている。「こたつでよくあつたまつた所をの、いまいましい。そう〴〵しい坊主《ぼうづ》奴《め》だ。そのかわりにまらをおもいれひつかいてやろふ。とんだかたいまらだ。爪がたゝねヱ。にやむ〳〵」と、猫も懸命である。

こんな情況では、座頭の挑戦も空しく失敗となるのではないか。額の瘤もそれを示唆しているのかもしれない。

○ちつ首をひねるが座頭はしめ也　末一
○大きいにおいてハ座頭おろかなし　末二

といった具合に、どちらかといえば、座頭は好色と見なされていたようだ。一物が大きいかどうかは人それぞれだろうが、好色な男の持物は大きいと思われていた。

喜多川歌麿《きたがわうたまろ》の代表作『歌満くら《うたま》』(大錦十二枚組物、天明八年＝一七八八)にも、堪え性のない老人が出て来る。毛むくじゃらの老爺が、まだ無毛の娘を襲っている。

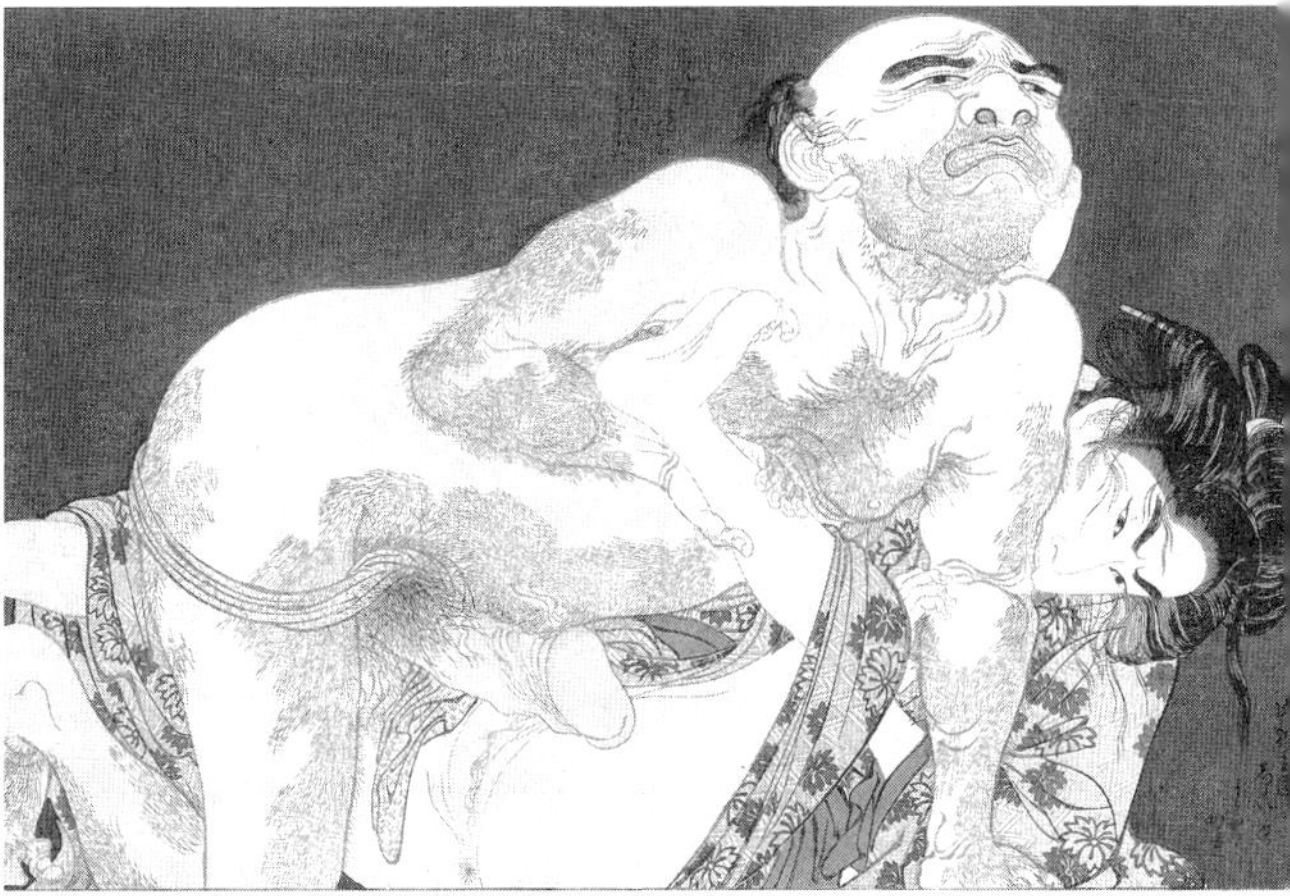

「此利兵衛じゝいめ、よしやァがれ」
「なんといわれても一番しさいすればよいのじや」

と、未練たっぷりだが、ここでも老爺の思いはとげられないだろう。老爺の腕に嚙みつく娘の厳しい表情からは、決して思い通りにはならないという激しい意欲が表われている。ここまでの厳しい表情を示す娘などは、他の春画作品には見られない。歌麿の特徴といってよい。そして春画では、無体を働く男はすべて醜男《ぶおとこ》に描くという決まりがあり、無体などを容認などはしていない。先の座頭も例外ではあり得ない。

また、老人には老人らしい役割もあるとい

ってよかろう。

歌麿の『會《え》本《ほん》美《み》津《つ》埜《の》葉《は》那《な》』（墨摺半紙本三冊、享和二年＝一八〇二）には、老家老の特異な役割が演じられている。婚礼が近づいた姫君の局部を検分するということだが、はたしてそんなことがあったかどうか、それはわからぬがとにかく老人でなくてはかなわぬ役どころとはいってよい。

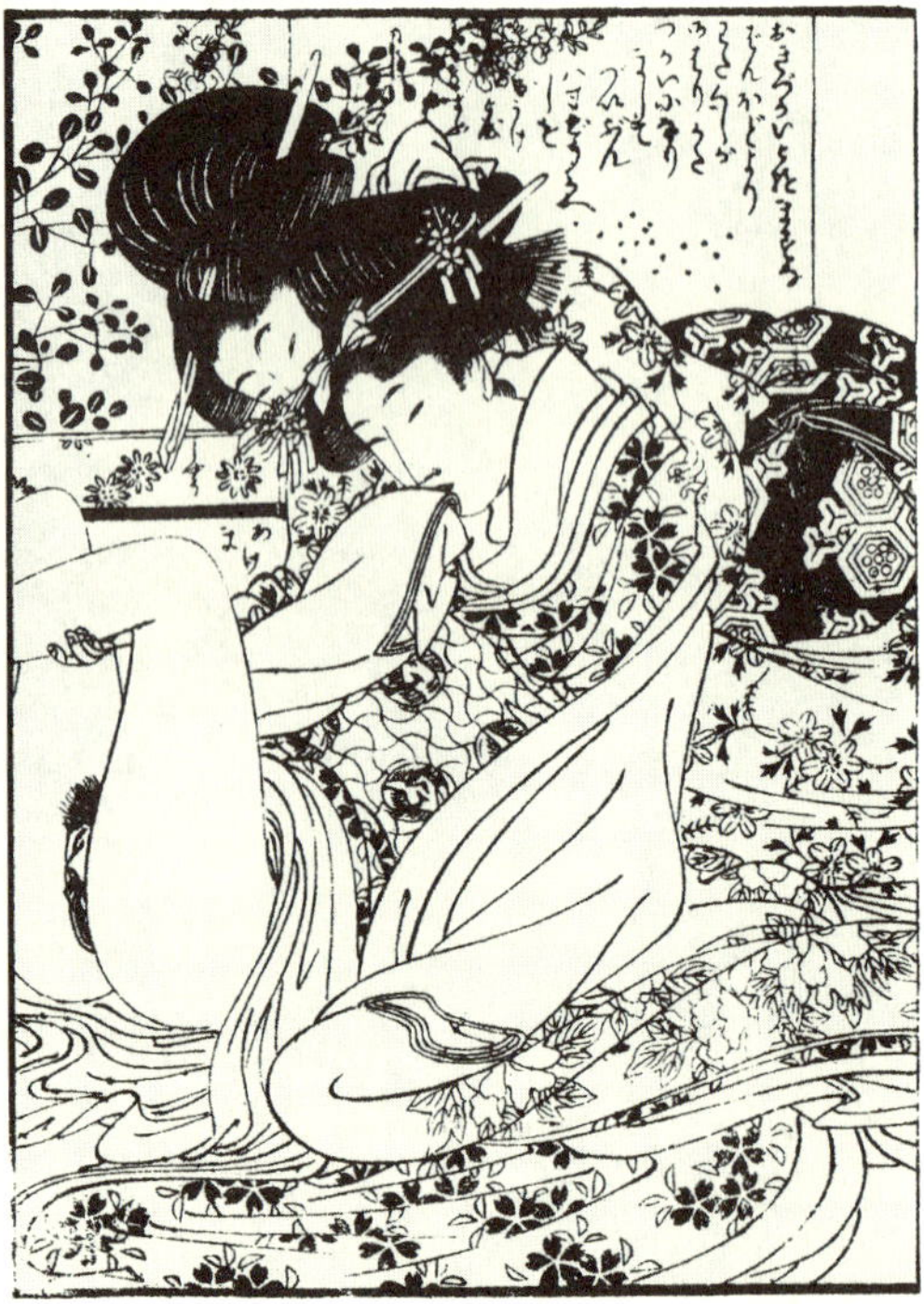

「いかさま随分けつこうなお開《ぼゞ》さまでござります。されどもお先様《さきさま》のお道具《どうぐ》が八寸胴返《どうかへ》しと申ス事でござれ

ば、まづご婚礼前日まで随分おせゝり被遊《あそばされ》、とかく少《すこ》しも広《ひろ》くおなりなされまするが専一《せんいち》に存《ぞんじ》あげまス」

「お気遣《きづかい》被遊ますな。晩《ばん》ほどよりわたくしが御張形《はりがた》つかいになりまして、随分八寸胴返しをお受け被成《はさる》よふにいたしてあげましやう」

老家老の役割は、あくまでも検分のみ。姫君の性教育は、腰元や乳母の役目である。八寸胴返しとは、勃起した男根の胴廻りが八寸（約二十四センチ）だという。非常な大きさだが、これは、巨根に対する戯称だろうから特にびっくりすることもあるまい。まあ、老人なればこそ、よこしまな思いを抱くこともあるまいとの善意にたった役割である。当の本人は嬉しいかどうか判らぬが……。

歌川豊丸《うたがわとよまる》『會本婦《ふ》美《み》好《す》図《ず》理《り》』（墨摺半紙本三冊、寛政十一年＝一七九九）は、またしても妾志願の女である。

「御隠居様へ、わたくしは、若い男よりおとしよりの方がかかわゆふござ

ります。はて囲《かこ》いものになされて下さりませゞ」

「手めへは、妙《みよう》に手があるわへ。としよりがいゝとはちつとうそらしいが、うそにもかわいゝとはうれしい文句《もんく》だ。おれも又此年月ためた奥義の金も、てめへゆへならみんななくなしても惜《お》しくねへ」

と、こちらはいかにも現実的、嘘を承知で受け入れるのだから、文句の出ようもない。や

はり年寄りは、このくらいの余裕と寛容さが必要なのかもしれない。もちろん、妾を囲うなどというには、それ相当の金があってのことではあるが。

菊川英山《きくかわえいざん》『婦多葉《ふたば》のさかえ』（色摺半紙本三冊、文化八年＝一八一一頃）では、寺の和尚と人妻か。十年間もの妄執をかなえて上げようという人妻は、上からおおいかぶさって口吸いをしているが、下になった和尚には、それほどの元気はない。「十年若くば、そなたが死ぬ〳〵といふほど」と意気込んでいるが、それは、はかない望み。空しく十年は過ぎてしまった。これは老年の悲しさだが、致し方もない。

喜多川月麿《つきまろ》（喜久麿《きくまろ》）『会度睦羅咲《えどむらさき》』（色

摺半紙本三冊、文化十三年＝一八一六）では、やはり隠居と妾といったところだろうか。もはや役立たない巨根を抱えて、隠居は四苦八苦の体《てい》である。女の方も、いまや気乗りもしなくて、せめて気分だけでも出そうというのか、艶本を読んで気分を高めようとしている。なんとか方法はないものか、とも思うが、それについては後ほど言及しよう。

同じく月麿『會本執心久楽《しゅうしんぐら》』（墨摺半紙本三冊、享和三年＝一八〇三）。こちらは、性懲りもなしに娘に言い寄る老人である（次頁見開き）。

手を出して、足を痛《いた》める、たこ〳〵ァ、

あとはそつちでいわつし。ア、い丶ぼ丶だぞ。なんぼおれがつらを横びつにしやアくつても、小つぼ……なさそうだ」

「あれさ、いやだよ。あれさ、エ、もだれぞ来てくれ丶ばい丶」

茶屋にでも呼んだ芸者に無理強いしているのだろうか。老武士の一物は元気そうだが、それだけでうまく行くといったものではない。武士客は野暮と決まっているので、芸者とても簡単になびくことはない。それゆえにこんな所業に出るのかもしれないが、結果はます

ますよくはない。

○おみたちは気がゆか
ぬかと浅ぎうら
末一

○たつた一ばんさせた
よと浅黄うら　末
四

浅黄裏とは、諸藩から江戸屋敷へ勤番に来る田舎武士のこと、田舎侍への蔑称である。吝嗇《りんしょく》で湿深《しつぶか》（好色）ということで、遊所では野暮客として嫌われていた。だから、気をやらないことになっている遊女も、手管としては気をやった振りをするのがふつうだが、浅黄裏にはその振りさえもしない、という。そして、湿深だから幾度となく仕掛けようとするのだが、かろうじてさせて貰ったのは一回だけだ

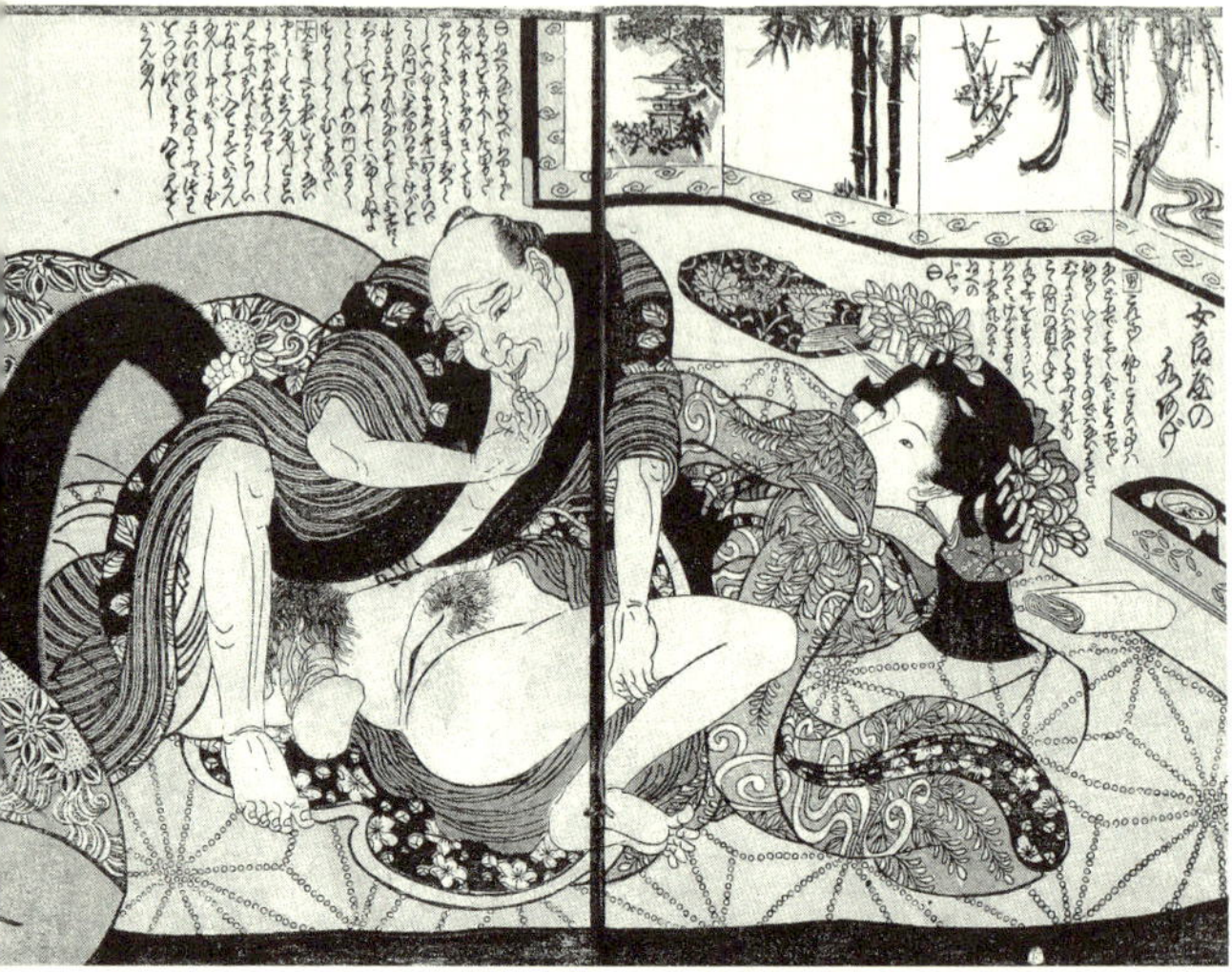

ったというのだ。

さて、歌川豊国《とよくに》『絵本開中《かいちゅう》鏡《かがみ》』（色摺半紙本三冊、文政六年＝一八二三）は、女郎屋（吉原）での水揚げの場面である。水揚げのことばは、元々は芸者屋の雛妓（半玉）に用いたものだが、この頃吉原でも禿《かむろ》の初交にも用いるようになったようだ。それまでは、妓楼の亭主や若い者が行なっていたものを、水揚げのことばとともに、熟練の巧者、いわゆる水揚げ爺が行なうようになったのだ。

「これさ〳〵、何もこわい事はない。どふで早く金にする所だ。何さ〳〵、痛くする事ではない。はてさ、如才はないとゆふに。俺もこゝの内（家）の目がねで水上ゲをするからは、滅多に怪我をさせるよふな気のきかねへのじやねへはな。手めへで丁度水上ゲを廿人した男だ。なんぼまらが大きくても、やはらかだから、まァじつとしていなよ。まづ第一おゝまい（気前がよい）で、こゝの内では幸せだ。怪我をする気づかひがない。そしてお客に情を移してはならぬよ。とかく初めの内は、悪くすると孕むものだ」

「もしへ、どふぞ痛くないやうにしておくんなんし。こわいよふだがね。そのくせ、して見とふおすよ。馬鹿らしいがね。早く入て見ておくんなんし。中がおかしくうずきいすはね。そのよふに唾《つわ》をつけずと、まァ入て見ておくんなんし」

とまあ、水揚げの様子が過不足なく描写されている。中には嫌がる禿もいて、そんな時は遣手婆《やりてばばあ》が禿の肩を押えていたりする。未通女《おぼこ》（処女）との初交では、寿命が七十五日延びるともいわれていて、そのせいでもあるまいが、水揚げを買って出る者に爺様が多い。好色な年寄りというのも結構多かったのだろう。もちろん、交合能力がそれなりになければ、この役が務まらないのは当然だが。当時はまだ処女崇拝なんてものはないから、いわゆる初物買いの楽しみと共通した感覚だったのであろう。ただ、こうした趣味のものが多くなると、水揚げを二、三度と行なうということもあったようだ。
水揚げ爺なんてことばも生まれ、老人の好色性を表わすことになったが、江戸時代には好色性ばかりか、強淫というか、精力旺盛な老人の逸話にも事欠かない。その代表的なものが、歌川国虎《くにとら》の『祝言色女男思《いろなおし》』(色摺半紙本三冊、文政八年＝一八二五)である。

主人公は八十二歳なれども精力絶倫、若い妾もそれには辟易して、音を上げている。まずこの隠居の言い分を聞いてみよう。

「此本の御見物方がこふしてゐる所を見ては、定めし年寄だから間に合

ぬであろふとおぼしめそふが、なんとして〳〵、いゝ訳じやァねへが、年こそよつたれ、そんな役にたゝぬ親仁じやねへ。当年つもつて八十二才なれども、女の方へかけては、今の若い者らに負けてつまる物かとはいふ物の、年はとらぬ事だ。今夜は十ばんしてみよふと思つたが、たつた八ばんしたら、へのこが萎《なゑ》たうちがおかしい。やつぱりこれが年のおかげだ。そして身体《からだ》の肉《にく》がおちるといふが、へのこの肉までおちるかして、若い時より大ぶ小《ちい》さくなつたよふだ。ヱ、モウ二十年若かろふものなら、なんの十ばんや十五ばん、ナ

ウおさせ、サア〳〵てめへがいじつたからきざしてきた。サア又はじめよふ」

といった具合に、八番こなしてなおかつまた始めてしまったという。これに対する妾の嘆きもわかろうというものだ。

「ばか〳〵しい。いつそ身体ががつかりした。今夜といふこんやは、ま事ニ〳〵疲《つか》れたぞ。もふこれでは続かねへ。今夜も丁度十二ばんされた。年寄のくせに、豪気《ごふぎ》に達者だよ」

そして、「どふしても毎晩六、七ばんより少ねへ事はない」から、身体がもたない。「いかに金が欲しくつても命がものだねだ」ということになる。まあ、描写には幾分の誇張があるだろうが、実際にも精力旺盛な元気な老人というのはいたらしく、平戸藩主の松浦《まつら》静山は、四十七歳で引退してから七十四歳の年までに、七人の側室に二十人もの子どもを産ませているし、『藤岡屋日記』（幕末の江戸の古本屋、藤岡屋が書き留めた市井の話）にも、法現《ほうげん》と名乗る老爺が、数え年九十二歳で五十歳になる妙仙という女を嫁に迎えた。ところ

其二

が、正月三日の夜から翌四日の夜までの二日間に、なんと十八度もの媾合《まぐわい》を強要したという。その後も昼夜の区別なく、十日間も連続して交合を強いたために、ついに妙仙の陰部が、「腫痛した」とのこと、それでもこの強淫爺は、妙仙の断りを承知しなかった。耐えかねた彼女は、十九日に至って逃げ出したという。

法現の強淫振りは、毎夜最低三度くらい交わらないと陰茎が萎えないというのだ。もちろん、『藤岡屋日記』といえども噂話を蒐集したものだけあって多少の誇張はあったであろうから、そのまま信じるわけには行くまいが、それに類した話はいろいろあったものと思われる。現に同日記は、九十六歳の武士が二十一歳の妾に子を産ませたという記録も残している。

それでも信じがたければ、もう少し例証を挙げておこう。江戸の儒者松崎慊堂《こうどう》は、六十六歳で十七、八の婢《はしため》を孕《はら》ませたというし、京山科の七十五歳の翁が十五歳の娘を娶《めと》って二子をもうけたともいう。また、越前藩の家臣本多五郎左衛門という御仁は、七十五歳のとき十八歳の妾に女子を産ませ、八十八歳で二十歳の妾からまた女子を得た。さらに九十六歳にしてまたまた女子をもうけた。相手は、二十一歳の妾という。などなど（氏家幹人『江戸老人旗本夜話』、講談社文庫による）。

ことほど左様に、江戸時代には達者な老人がいたわけで、これらの例は、その一部に過ぎなかろう。妻妾制度のなせる業《わざ》ともいえるが、そればかりではあるまい。性に対する許容度の違いといったものが大きく作用しているに違いない。

たしかに、江戸時代においては、老人の性については否定的に捉えられていないし、さらにはもっと古くから認められていた。たとえば、中世の歌謡集『閑吟集』（永正十五年＝一五一八）にも、

老をな隔《へだ》てそ垣根の梅、さてこそ花の情《なさけ》知れ、花に三春の約あり……

とて、相手は「垣根の梅」になぞらえた若衆《わかしゅ》だが、「老人だからといって分け隔て」せずにと、恋慕の情を訴えかけている。

また同集には、

逢夜は人の手枕《たまくら》、来ぬ夜は己《おの》が袖枕、枕余りに床《とこ》広し、寄れ枕、此方《こち》寄れ枕よ、枕さへに疎《うと》むか。

といった、百歳に余る老人が、若い娘を恋い慕っての物狂いの歌が載っている。人は、いくつになっても、人を恋うる思いから自由にはなりえない。

また、柳川重信《やながわしげのぶ》『天野浮橋《あまのうきはし》』（色摺大本三冊、天保元年＝一八三〇）には、老僧の陰子買いが描かれている。寺の長老が、馴染みの陰子哥菊と同衾しているところ。図柄で見るとまだ若々しいが、長老と呼ばれている所から見て五十過ぎの老人と考えてよかろう。正常位といっても両足上げの体位に組み敷いていて、まだまだ元気な和尚さんである。

「いまどきそんな（座禅を組むこと）野暮

なものはない。陰間どころか、みんな女郎買いに行き、魚でもすっぽんでもくう」

と、当時の仏教界の堕落振りを告白している所が面白い。長老といわれるほどの僧侶でも色欲からは逃れられないのだから、ましてや一般の庶民においてをやである。老人には色欲がないかのように装ったのは、近代の迷妄に過ぎなかろう。少なくとも江戸時代までは、そんな風には考えていなかった。

最後は、またしても隠居と妾、そしてその妾の浮気である。歌川貞虎『風俗和家三津《わかみず》』（色摺半紙本三冊、文政期＝一八一八―三〇）の一図。縁先に座る妾に対し、間夫が縁の下から仕掛けている。

「こなたも妾といふ名ばかりで、一年中不自由をさせてをくのが気の毒だ。どこぞ悪くはねへかの。おれは耳が遠いから、ごくたまにはわからぬが、どうやら息遣《いきづか》ひが人間ならでねへやうだ。はら川に見てもらけて、くすりでも飲《の》んだがいゝぜ」

「イ、へ、ようございますよ。モウ〳〵よくつて〳〵なりませんわな」

「ムウ、よくさへあればよい」

老爺のものが役に立たないことはよしとして、老爺の耳が遠いことを幸いにして、間夫と縁先で結び合うとは、この妾、度胸があるというか、いけ図々しい振舞いである。

老爺は、女の背後から抱きついているが、自分の不能ゆえに不自由をさせてなどと申し訳なさそうにしているのがしおらしい。それに対して、間夫に下半身をまかせながら、素知らぬ顔でツンと澄ました表情をしている妾の方は、なかなかのしたたか者である。

妾を持つなんて、所詮、富裕階級のなせる業《わざ》だろうから、いくらかのやっかみがあったのかもしれない。不能なんて聞くと拍手したり、間夫でも作られたといえば、それやっぱりと溜飲を下げるといった庶民感情みたいなものが周辺にあって、妾持ちの御隠居さんにはいくらか冷たかったのかもしれない。

といった具合に、江戸時代の老爺たちは、達者で大いに頑張っている。なかには当然倖せな者もいれば不倖せな者もいる。しかし等し並みに性の世界から疎外されてはいない。

老婆の色事

老爺はともかく、老婆の性が話題になることは、西欧および近代日本においてはほとんどあり得ない。生殖能力を失なってしまえば、性とは無縁な存在と見なされてしまっていた。最近ようやく少し注目されつつあるといった按配である。

ところが、江戸時代には、老爺に負けず劣らず元気で、その好色さも話題にのぼっていた。性とは、人間の本然に根ざしたもので、生殖にのみ限定されたものとは考えていなかったのだから、それは、当然のことであった。

江戸以前のことをいえば、『伊勢物語』第六十三段の「九十九髪《つくもがみ》」における業平の老婆との同衾がよく知られている。

百年《ももとせ》に一年《ひととせ》たらぬつくも髪　我を恋ふらし面影に見ゆ

とて、「この人は、思ふをも、思はぬをも、けぢめ見せぬ心なむありける」業平の、好き嫌いを超えた「色好み」の心意気を讃えているのだ。

江戸時代においても、

○おばゞへこ〳〵の気があるでむづかしい　木四

と、川柳に詠われるように、老婆の色情を是認している。この「へこ〳〵」がユーモラスで面白いが、「へこ〳〵は、老婆の腰を動かす形容から転じて、老婆にまだ性欲のあるを云ふ」（岡田甫『川柳末摘花詳釈』、有光書房、一九五五）の解を是とする。

まずは、西川祐信《にしかわすけのぶ》の『好色土用干《こうしよくどようぼし》』（墨摺横本三冊、享保六年＝一七二一）中の一篇、「恐しき者は老のけわいは二十三夜の月待ち」を見てみよう。和平という男が、娘に夜這いを仕掛けたが、あにはからんやその相手は、といった小咄。

夜着引きまくりずつと入り、かの所いろふてみるに殊の外痩せたる玉門にて骨だち、是はけしからず大きなる病者にかゝりし、さりながらそうなく帰るも残り惜しと、露転（男根）の見事なるをおやしすましして、ぐつと入るれば、下より腰を遣い、しきりに鼻息荒く、なんばんの限りなくよがり泣きに、次の間より、くつ〳〵と笑ふ声に和平も心づき、身内をいろふてみれば皺だらけ、是はと退《しりぞ》かむとするを、「これ〳〵、和平どの。折角忍んでそのようにして去るといふことがあるか。わしも主《あるじ》に離れて物寂しい。まそつとこれのふ〳〵」といはるゝは、此家のかみさま……

という次第。夜這いの相手を間違えて、夜這ったのが老婆だったという笑い話。書入れを見ると、「もふ、かんにんなされ」と逃げ腰の和平の腰を、老婆はしっかりと両足でしめつけていて、「いや〳〵はなさぬ」と、これこそ良い機会と離そうとはしない。

○よからじもないとばゞあの久しぶり　　末二

という川柳そのままである。いつになっても女の色香は消えぬものというのが、当時の常

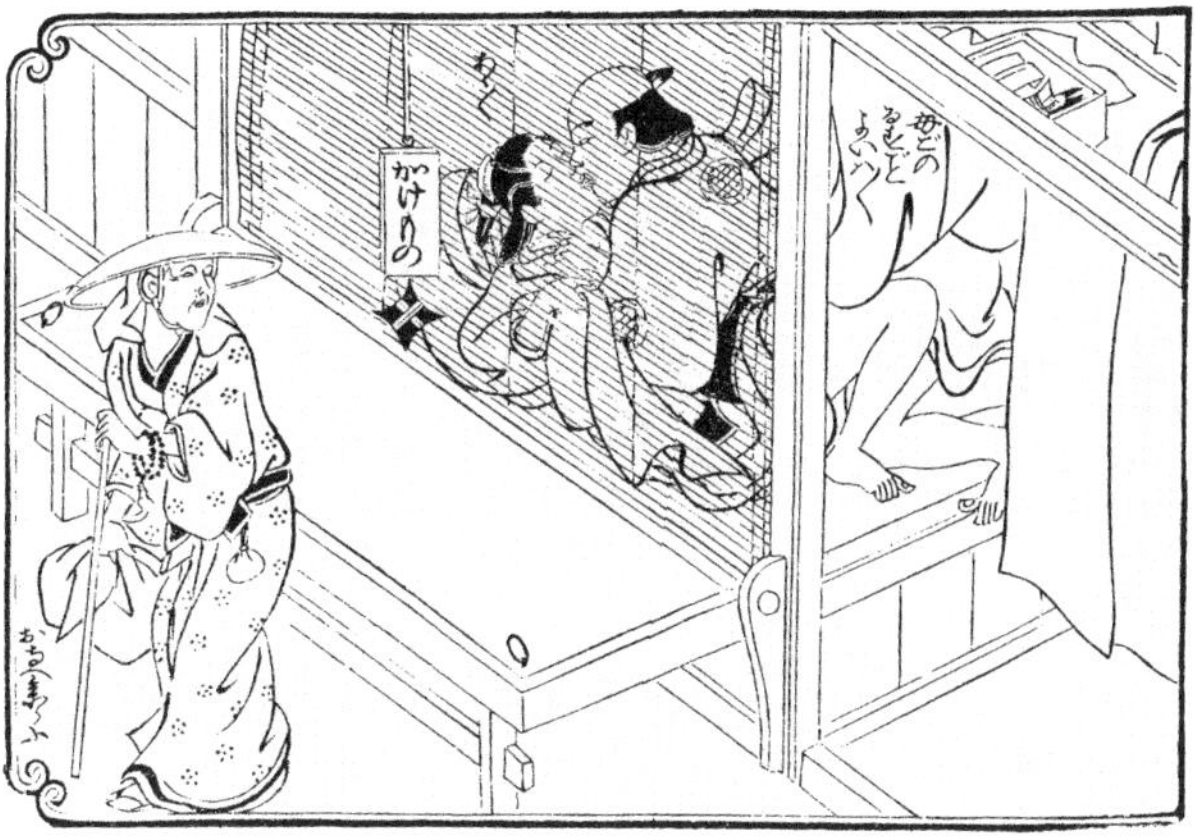

識であった。実際にそんなことがあったかどうかはわからないが、人気のあった趣向でのちにもいくつか出て来る。

邪魔な侵入者というのが老爺にあったが、若い夫婦にとって、独り身の隠居婆というのもやっかいな存在であった。

○する度に小便に出る姑婆　安六
○情ない姑するのをいびるなり　天五

といった具合に、嫌味丸出しの姑婆というのが、川柳の常套句であった。

とかく、老人というのは、色事のためには邪魔な存在と見なされていた。だから、老爺や老婆の留守の時は、色事の好機で昼取りに勤《いそし》んでいたりする。

祐信の『色ひいな形』（墨摺横本五冊、宝永八年＝一七一一）の一図では（前頁）、

「母ごのるす事、よいは〳〵」

「あゝ〳〵」

「お寺へ参らふ」

とて、母親が玄関を出たばかりなのに、もう一儀を始めてしまった。母親としては、寺参りにでも行く他はない。道楽息子を持った因果である。というのも、女は、「かけも」とされているから、おそらく「手掛け」のことで江戸でいう「妾」のことである。息子は、独身かどうかわからないが、妾奉公として娘を雇うことができるのだから、「てかけ」がいても不思議はない。老婆としては、疎《うと》ましいような、

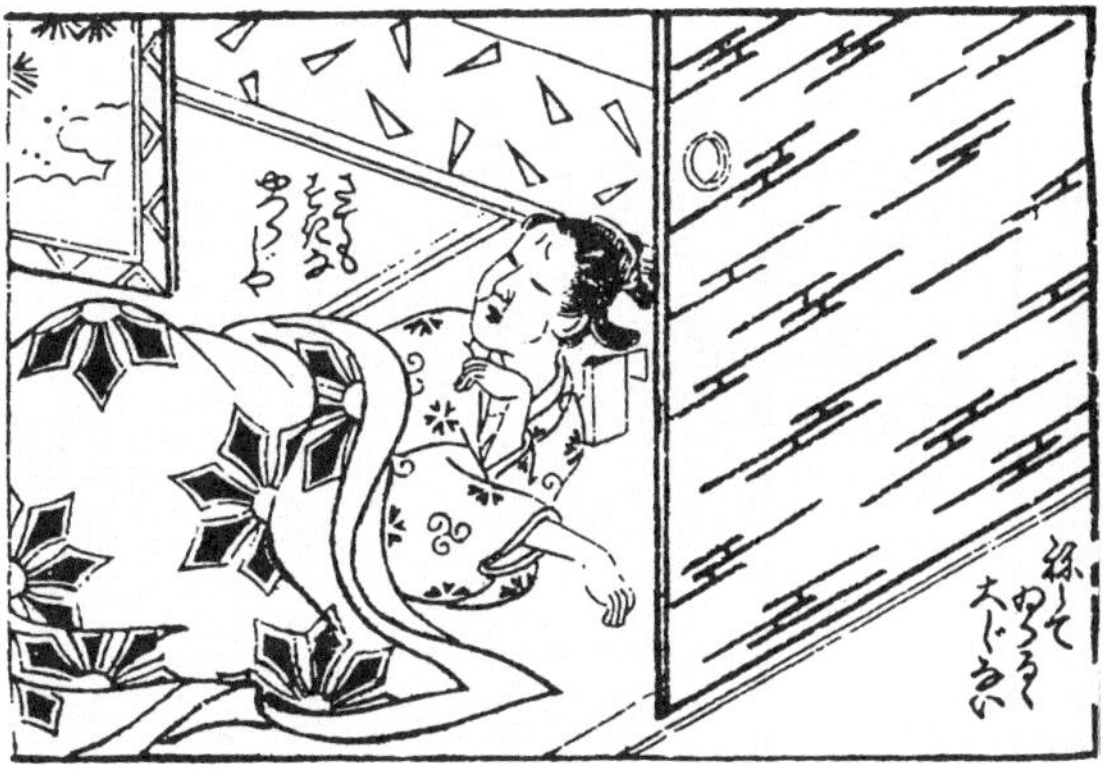

羨《うらや》ましいような複雑な心境なのだろうと思う。あるいは、自分の若かりし昔を想い出しているかもしれない。亭主がいないということは、やはりどこかうら寂しい。老年の孤独である。だからここでは、寺参りとは、殊勝な心構えである。

月岡雪鼎《つきおかせってい》『艶道日夜女宝記《えんどうにちやじょほうき》』（墨摺横本一冊、明和六年＝一七六九頃）の一図では、若夫婦が、昼寝をしている老婆の隣室で、昼取りを始めてしまった。

「晩のことになさんせ、めつそうな」

「母じや人は、よふ昼寝してゐらるゝ、大じない」

「さても好きな奴らじや」

と、眠っていると思っていた老婆の耳は、意外とさとい。でも、じっと眠った振りをして

いるところがかわいらしい。

とはいうものの、油断はならない。同じ老婆らしき人物が、次図では若衆を相手にして交合に到らんとしている。手にはしっかりと男衆の男根を握っている。

「そなたのおじやるを待つてゐた。なんなりとも望みのものをやるぞ」

店の丁稚《でっち》か、近所の店の丁稚か、いずれかわからぬが、知り合いの若者を物で手《て》懐《なず》けたものらしい。若夫婦を捉えて「好きな奴らじゃ」と嘆いていたけれども、どうしてどうして本人も充分に好き者である。とかく上方では、老婆の色遊びが盛んだったように見える。丁稚や手代、あるいは陰子（役者見習い）などを隠居部屋に男妾として囲っておく老婆がかなりいた。この老婆などは、そこまでは行かず、家族と同居しているゆえに、若衆を招き入れているわけだ。周囲もそれを認めていたのだろう。性については、じつに寛容といってよい。

また、竹原春朝斎《たけはらしゆんちようさい》『笑本邯鄲枕《えほんかんたんまくら》』（墨摺横本一冊、安永八年＝一七七九頃）にも二図ほど老婆が出て来る（次頁見開き）。その一図では、若夫婦が張形などを取り出して戯れている。

「よいのじや、ナア」
「どりや、ちつと見舞《みま》いもうそふ」
「いくつになつても心よいものじや」

まだ若い夫婦なのに、張形など持ち出していったい何を考えているのだろうか、と思うが、これもまた夫婦の戯れの一つなのだろう。そのやりとりに聞き耳をたてている老婆もまた、若き時代を想い出すかのように、感じ入っている。ここまでは、円満な家族の情景である。

男木女土

男木女火

しかし、若夫婦にも気遣いが大事。あまり図に乗ってはしゃぎ過ぎると、騒動が生じる。
他の一図が、その証拠である。

「かんにんなされ。たしなみました」

「ふん〳〵と人もねささず、子をへり出して、□やかすのか」

大よがりの声に、聞くに耐えずと堪忍袋の緒が切れて、老婆は、怒り心頭、長煙管を持って夫婦の閨《ねや》に乱入、息子の髷《まげ》をつかんで引き倒している。嫁は、「たしなみました」と詫びているが、時すでに遅

しである。この老婆の怒りの形相が真に迫っていておかしい。事態は深刻なのかもしれないが、観て笑ってしまうところが春画である。

菊川秀信《ひでのぶ》『風流三代枕』（墨摺半紙本五冊、明和二年＝一七六五頃）に出て来る後家さんなどは、色気満々である。丁稚の上に跨《またが》ってフェラチオを行なっている。

「手飼いからのなじみゆへ、一しほかわいと思ふと、モウそれ出るは。ちんぼこが此やうに大キになりました。家を一ヶ所やりましよ」

「わたくしもはやくしたたくなりました」

少し若目のご隠居さんというところか。家作を一つ与えて、この丁稚を男妾として囲ってでも置くつもりだろう。

ところで、隠居ということばだが、これには男女の性別があったものかどうか。一般的に当主が家督を譲って閑居すれば妻ともども隠居といったし、女の場合、亭主のいない後家さんのことを「ご隠居さん」と呼んでいたのではないかと思う。

少なくとも、大坂では若い未亡人も隠居後の妻も「お家《いえ》はん」と呼んでいたから、おなじような立場の女《ひと》を、江戸ではご隠居と呼んでいたので

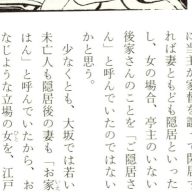

はなかろうか。そして、隠居爺と妾との組合せがあるように、ご隠居さんと男妾、お家はんと男妾といったカップルは、現実にもかなりいたようだ。

ちなみに、マルクス経済学者の河上肇《はじめ》（一八七九―一九四六）のお祖母さんなども、五十歳であったが、離れの隠居部屋に若い男妾を囲い、寝食を共にしていたという。

なお、ご隠居さんの道楽のもう一つの楽しみは、役者買い、若衆買いである。『三代枕』のもう一図、老女が筆下ろしせんとしている若衆は、たまさか何かの用向きで出向いて来た小姓か、あるいはお家はんが呼んだ陰子かもしれない。鍵のかかる杉戸からしても、先

の後家さんより格段の貫禄である。
困惑気味の若衆だが、これではとても逃げようがない。陰子とすれば男相手の若衆として仕立てられている役者の卵だが、筆下ろしはもちろん女、相手が望むならばそれもまたやむを得ない。男相手といっても、自ら望んでのことではないから、所詮は売りもの、相手次第で前も後ろも売るわけで、後ろはともかく、筆下ろしとなると、若衆にとっては途惑いがあろうというものだ。何はともあれ、お家はんのこの貫禄だ。若衆には逆らいようもあるまい。老爺に負けず劣らず、老婆も、若いのがお好きということらしい。

　磯田湖龍斎『色錦姿の花』（墨摺横本五冊、安永四年＝一七七五）には、邪魔にされる老婆

が出て来る。

「となりのばゞさん、ヲ、きのどくな」

「どうもきつい蚊でお帰りかへ」

「ア、、これはきついおいぶしの。あゝ目が痛いぞ。むりに上るとは申しやせん。いかに、年寄だと思つて」

「ヲ、けむい。ア、ばあさん、行《い》から〱」


とんだ災難である。隣りの亭主は、「お帰りかへ」なんてとぼけているが、そのくせ円扇で煙をあおり立てている。たしかに事の最中では都合がわるかろうが、あまりに現金な対応である。夏の日中の出来事である。

湖龍斎の『色物馬鹿本草』（前出）にも、老婆の役者買いが描かれている。相手は、舞台子（色子）である。

「此中、お約束の羽織をおこして（用立てて）おくれ」

「おゝ〳〵飲み込みました」

と、色子は、事の最中におねだりをしている。詞書でも「気のいく時に無心仕かけよ」と教えているのだから、その実行ということなのだろう。有徳な老婆などは、若い役者にとってはお得意さんではあるまいか。

先のお家はんしかり、東西好一対である。

○色ばゞあしみしんじつにかわゆがり　末一

とて、まだまだ色気の抜けない老婆は、心底若い相手を可愛がるものだという。役者にとってはそこが付け目で、結構歓待したものだろう。

○ばあさまの汁けで孫にもりをさせ　末三

この場合の汁気は、素直に色気と取っておこう。色気の失せない老婆は、外で何を仕出かすかしれない。油断がならないので、本来孫のお守《も》りをするのが役目だが、息子夫婦は、逆に老婆の外出には監視役として孫をつけて出すというのだ。とりあえずは、元気でけっこうといっておこう。

ともあれ、老爺にとって若い娘との共寝が元気の素なれば、老婆にとっても若い男との共寝は、同様に元気の素であるはずだ。

若い男を捉えて放さぬという場面では、北尾重政『謡曲色番組《いろばんぐみ》』（墨摺半紙本三冊、天明元年＝一七八一）にも。「山う

ば」（深山に棲み、怪力を発揮したりすると考えられている伝説的な女）の題で出て来る。もちろん、謡曲「山姥」のパロディで、老女が一人の若者を捉えて交合を迫るが、相手は逃げ腰で、若い娘の相手をしようとしている相棒に助けを求めている。

「此方は、先約〱」

「人にかまはずと、よくお入なんし。ちとおぬらし」

「此男にさせて見なさい。わたしはまづ御めん〱」

「見かけにはよらぬものだ。ずいぶん味はよいから早く〱」

見掛けによらずよい味とは、誰が保証するのか、山姥がいっているだけで、おいそれとは信用がならぬというところ。男は、相棒の帯に手をかけて引いている。一方、山姥の方は、その若い男の一物をしっかりと握って、いっかな事でも放しそうにはない。巡り合えたチャンスを逃してはなるものかという老婆の湿深な意志を示している。

○山うばハゑゝとしをしておつぱじめ　末一

と、まさにその湿深な点をからかったものだ。しかし、江戸時代においては、老婆の色気、いま風にいえば性的欲望については、たとえそこにからかいの気味があったとしても、肯定的であり、それを見る眼も温かい。

老いての性への執着は俗人ばかりではない。『古今著聞集《ここんちょもんじゅう》』（建長六年＝一二五四）巻十六に、「南都の一生不犯《ふぼん》の尼臨終に念仏を唱えざる事」というのがある。

この尼僧が、何歳なのか明示されていないのは残念だが、奈良の寺に一生の間住んでいて、不犯ということは、それまで男との関係を持ったことがない尼僧であるということだ。

その尼僧が臨終のおり（ということは、それなりの年齢と見ておく）に、極楽往生するためにと、脇から念仏をすすめられると、「念仏をば申さで、「まらのくるぞや〳〵」といひて、つゐにをはりにけり」という話である。

一期が間、ゆゝしく思ひとりては侍れども、心の中にはこの事を心にかけたりければこそ、かくをはりのこと葉にもいひけめ。

と、生存中は男との色事を忌《い》みはばかって暮してはいたけれど、心の内ではそのことに執心していたからこそ、臨終のおりにそのようなことばも出てしまったのだろうと、解説までしている。「よく〳〵用意あるべき事にこそ」と結んでいるが、これは当時の決まり文句である。

また、江戸三大奇書のひとつとされる色本《いろほん》、山岡俊明《やまおかとしあき》の『逸著聞集《いつちよもんじゆう》』（安永元年＝一七七二）にも似たような話がある。こちらは山寺の僧が臨終のときに妻に組み伏せられたというもので、これも年齢が定かでないが、興味深い。

念仏の精進なんどしける者にて、最後と覚えければ端座《たんざ》合掌して、西方に向て高声《こうじょう》念仏しけるを、この妻、われをすてゝいづくへおはするぞ、あらかなしやとて、首にいだきつきて引ふせけり。

と、ついにはこの妻、僧を仰向けに引き伏せて、自分はその上に跨り、股を引き開けたという。

女も男に負けず劣らず死ぬまで性への執着を持ち続けていることを主張し、人間すべからく、人生の終局まで、生すなわち性への炎《ほむら》を燃やし続けているのだと、教えてく

れるところが頼もしい。
勝川春章の『會本色好乃人式』には、また夫婦の睦事を覗く老婆が出て来る。

「とても腎虚《じんきょ》したものだ。ぼゞと討死《うちじに》だ。薬も何もいらぬ。とかくぼゞがヱ、」

「お前の病気もわしゆへだ。もつとたんとしたら、病気もいつそなをりやせう」

「けしからぬ好きなものもあるもんだ」

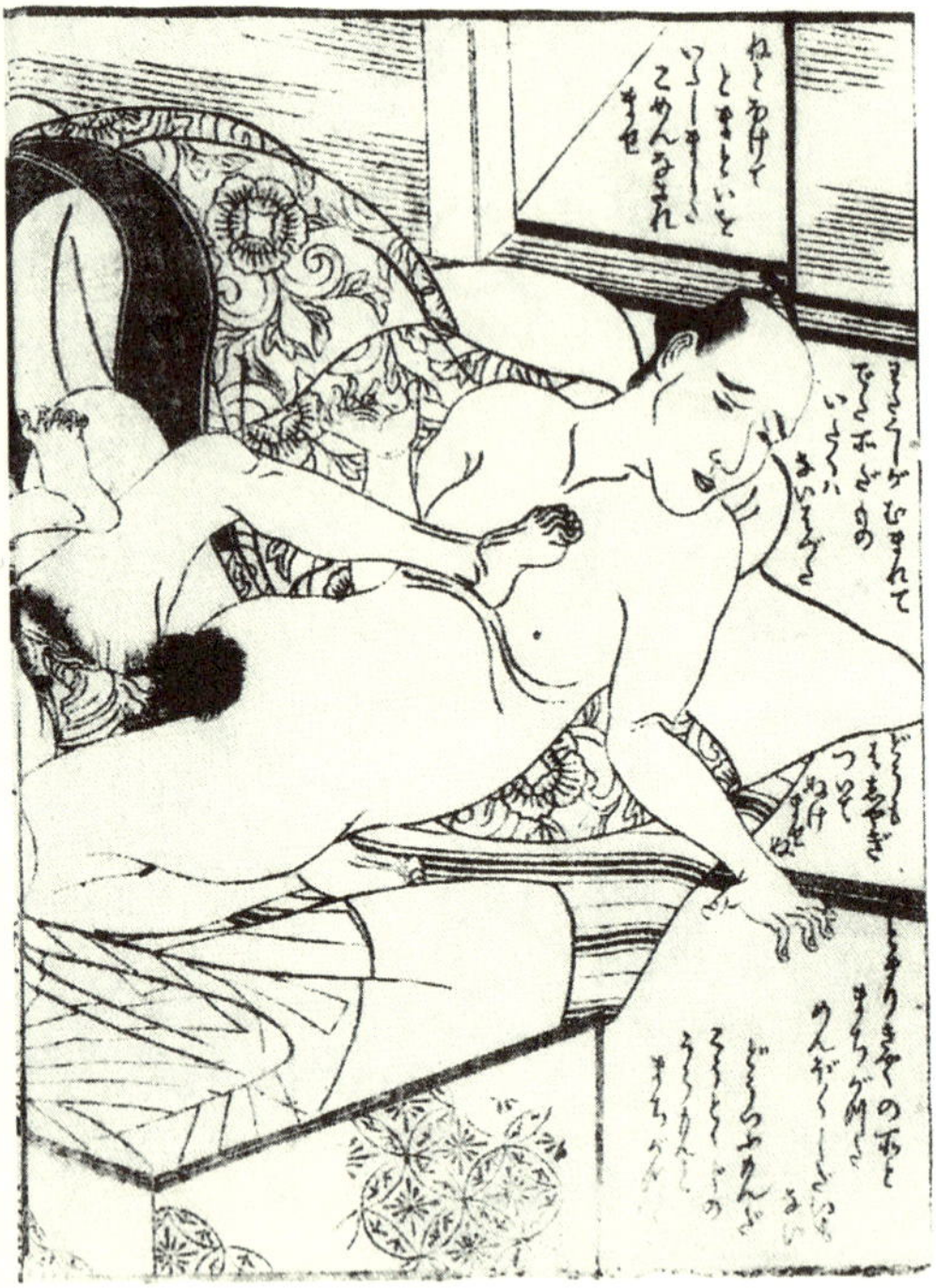

あまりの多淫ぶりに腎虚（精力の消耗）してしまった亭主を、なおも「たんとしたら、病気もいつそなをりやせう」というのだから、呆れた女房である。これで亭主が死んだら、代わりの男をまた見つければよい、とでも考えているのだろうか。ともあれ、ここでは、老婆の感想が、一番まともである。この嫁が老人になったら、ここでの老婆のようにおとなしくはあるまい。

同じく春章の『會《え》本《ほん》栄《えい》家《が》大《たい》我《が》怡《い》』（墨摺半紙本三冊、天明七年＝一七八七）では、夜這いの失敗譚である。

「寝惚けてとまどい

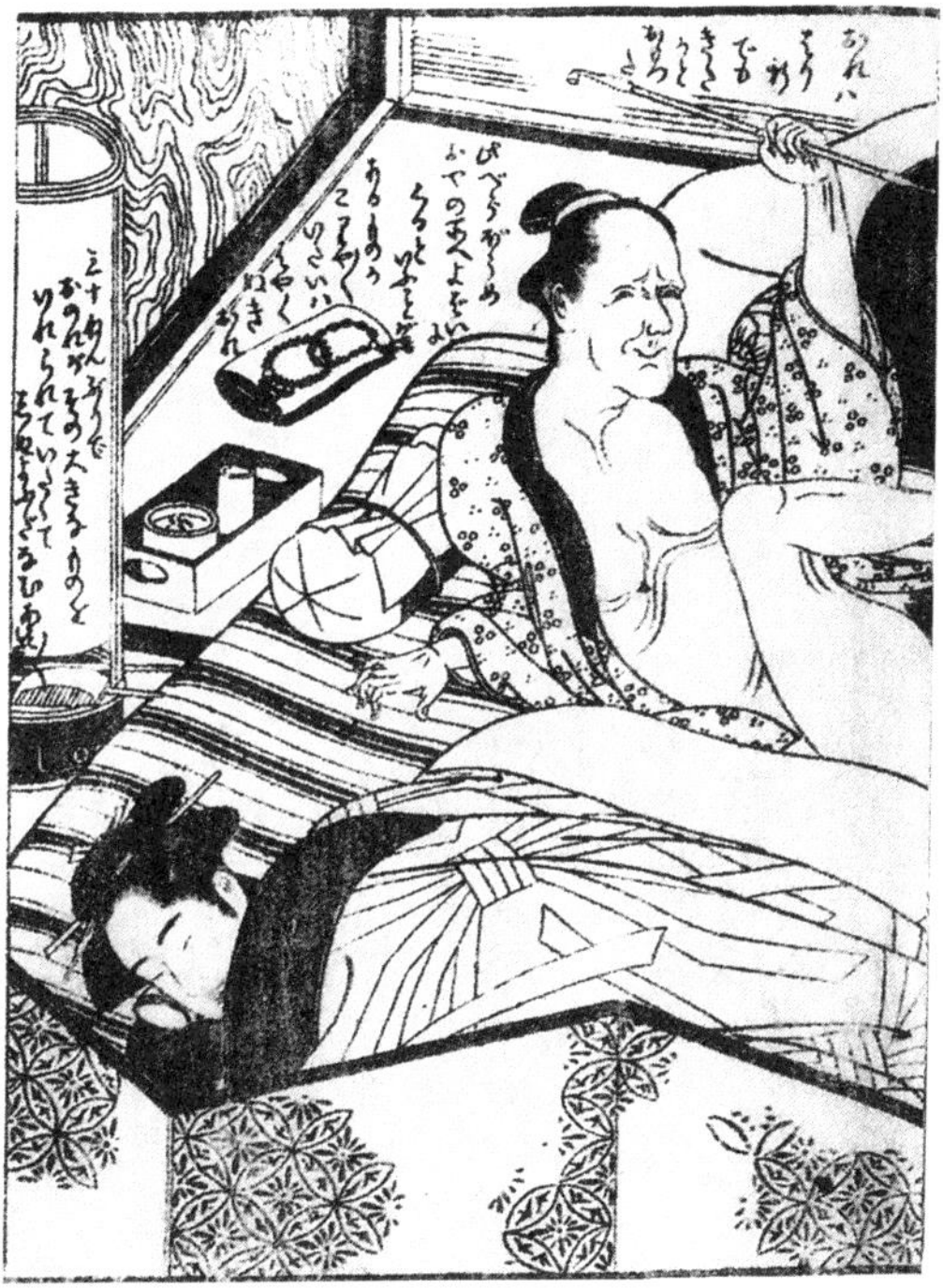

をいたしました。ごめんなされませ。わたしが生《む》まれて出た所だもの、痛くはないはづだ。どうもはしやぎついて抜けませぬ。となり客の所とまちがつた、面目次第もない。どういふもんだ、広徳寺の裏門（こういうもんだ）とまちがつた」

「おれは、はり新（鍼医か）でも来たかと思つた。此べらぼうめ、親の所へ夜這いに来るといふことがあるものか。こりや／＼痛いは、早く抜きおれ。三十年ぶりで、おのれがその大きなものを入れられて痛くて死ぬようだ。なむあみだ／＼」

と、老婆は、男を足蹴にし、手には長煙管を振りかざしている。しかし、本当にそんなに怒っているのだろうか。どうも口元がにんまりしているように見える。三十年ぶりでは痛くもあろうが、まんざらでもないのかもしれない。

勝川春潮の『阿満男婦寝《あまおぶね》』（墨摺半紙本三冊、天明八年＝一七八八）では、前図を模作している。どこに違いがあるか、書入れを読んでみよう。

「ハイ〳〵、これは粗相いたしました。ごめんなさりまし。おすへ様のお口に歯がござりませぬから、気の急《せ》くまゝ、つい

あのお娘《こ》の股ぐらとまちがへました。そのようにお叱りなされますな。夜這い手代のお手枕と申ますから、夜這ゐにまいってもよさそうなものでござります」

「こいつ、不埒者奴。手代も務める者が、このような大きなものを、案内もなく上《うへ》の口へ押し込んで、息でもとまったらどうしやる。口が裂《さ》けたそうで痛くてならぬ。まだおれで仕合。嫁入《よめいり》まへの身で、こんな大きなのでされて見ろ、かたはになるは」

と、さらに怒っているのかどうかわからなくなる。

図柄を見ると、乳母は、夜這い男の足とその一物を握って放さず、どことなくにんまりしている。この乳母にとっては、この事態は、千載一遇のチャンスではないか。逃がしてなるものか、というわけだ。

このにんまり顔は、何ともほほえましい。悪いのは、明らかにこの男、埒を明ける義務

がある。さあ、どうするといった微笑が、画師の裡《うち》にはあったのではないか。この乳母の表情は秀逸である。

　喜多川歌麿の『艶本仕男《しな》沙汰女《さだめ》』（墨摺半紙本三冊、天明四年＝一七八四）には、意地悪な姑が登場する。「籬《まがき》の結綿《ゆいわた》」、おちよと半兵衛となっているが、よく知られているのは、近松門左

衛門の「心中宵庚申《よいごうしん》」だ。夫婦の心中物で、姑の嫁いびりが原因となって夫婦が心中したもの。

「あんまりよがるな。アノあふしつこいばゞアが、にへつかへること、またいざこざだ」

「これにつけてもおやぢどのが恋《こい》しゐ〳〵、あたいやらしゐ、アノよがりこへはさ。ひとの聞くのもはゞからずに」

この姑には亭主がいたはずだが、ここでは後家の隠居になっている。とにかく依怙地な姑で、嫁を「姑去《しゅうとめざ》り」にして追い出してしまう。まあ、夫婦の交歓を見てはたまらず、松茸を用いて自慰を行なうような姑だから、嫉妬にかられて嫁を追い出すくらいは手易《たやす》かろう。悪婆の典型といってよい。こういう婆さんもいたのである。

歌麿の『會本色能《いろの》知功佐《ちぐさ》』（墨摺半紙本三冊、寛政十年＝一七九八）では、夜這いの図の中で、夜這いされた娘の母親が男を捉えて折檻している。たくましい老婆である。

「これさかゝさん、いまそのやうに腹の立つても後《あと》の祭りだ。とぼされた後《あと》でどうなるものか。知らずに寝たがおれがあやまりだァな。やかましくいうだけ、外聞が悪《わ》りいわな。一人娘のぼゞを人にほどこすもおめへの罪ほろ

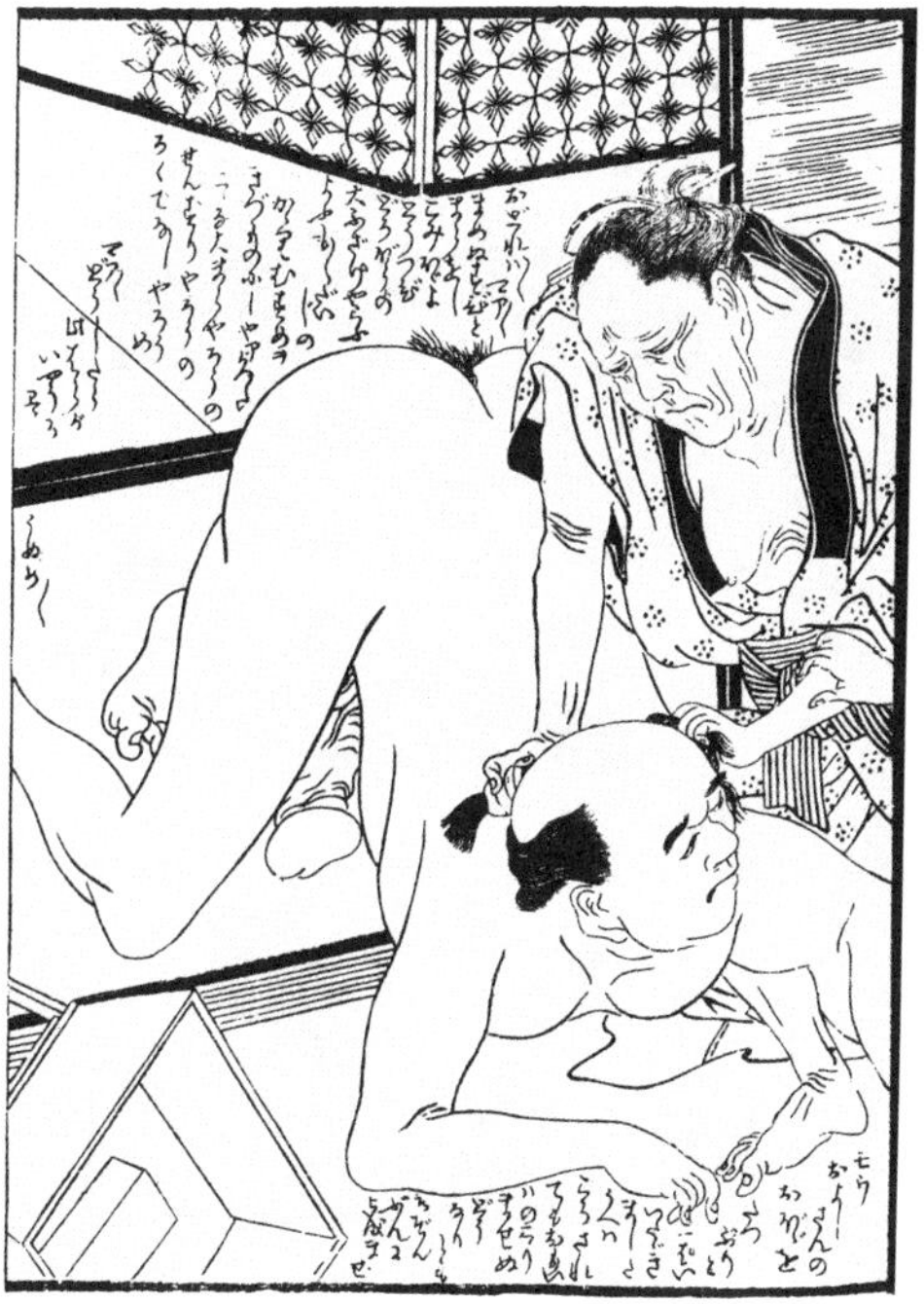

ぼしだ。これも功徳のうちだから、マアかんにんしてやんねへ」

「おどれは〳〵、マア〳〵豆盗人、まら押込ぼゞよ。とうつび泥棒の大ふざけ野郎《やらう》。よふも〳〵。大事のかゝり娘を傷ものにしやァがった。こゝな大まら野郎の、せんずり野郎の、ろくでなし野郎め。マア〳〵どうしたら此腹が慰《いや》うか、ヱ、うぬめ〳〵」

「モウ、およしさんのおぼゞをたつぷりと一ぱいいいただきました上《うへ》は、殺されても思いは残りませせぬ」

三者三様の対応が面白い。物判りのよい娘にきかん気の母親、そして途惚けた夜這い男。やっぱり主役は母親で、その怒りようはすさまじく、母親としては当然のありようだ。「後の祭り」と諦めの早い娘に対して、「娘を傷もの」にしたとの母の怒り、そこには幾分の打算があるかもしれないが、それも致し方ない仕儀である。

夜這いはともかく、息子の逢引を目撃した場合の母親はどうか。歌麿の『會本三女歌《みめか》多智《たち》』（墨摺小本三冊、寛政九年＝一七九七）では、

「モウ、コノよふに門ぎわまで攻《せ》めよせちやァ」

「もしサ、承知《せうち》だから、まァはなしな。アレサ、

かゝさんが来《く》るよ」

「二階がだいぶみち〳〵いうが、だれぞいやるかへ。これだれだ、返事をしやな。唖《おし》だそふだ。おきよどんか、孫七か」

どうやら、息子が二階に近所の娘を引き込んでいたようだ。いくらか困惑気味ではあるが、怒りには到っていない。ここには、息子と娘との違いがあるかもしれないし、あるいは若者の情事に関して寛容なのかもしれない。でも、若者の側から見れば、親などはいずれにしろ目障りな存在ではあったろうと思う。

こういう二人が結婚すれば、やはり母親は、嫁に嫉妬するものだろうか。日本の母親と息子との関係は、案外に濃密なので、そのような事態が生じないとは限らない。嫁姑の難しい関係である。

なお、歌麿の『艶本多《た》満《ま》久《く》志《し》戯《げ》』（色摺半紙本三冊、享和元年＝一八〇一）にも、またしても夜這いの失敗譚が載っている。

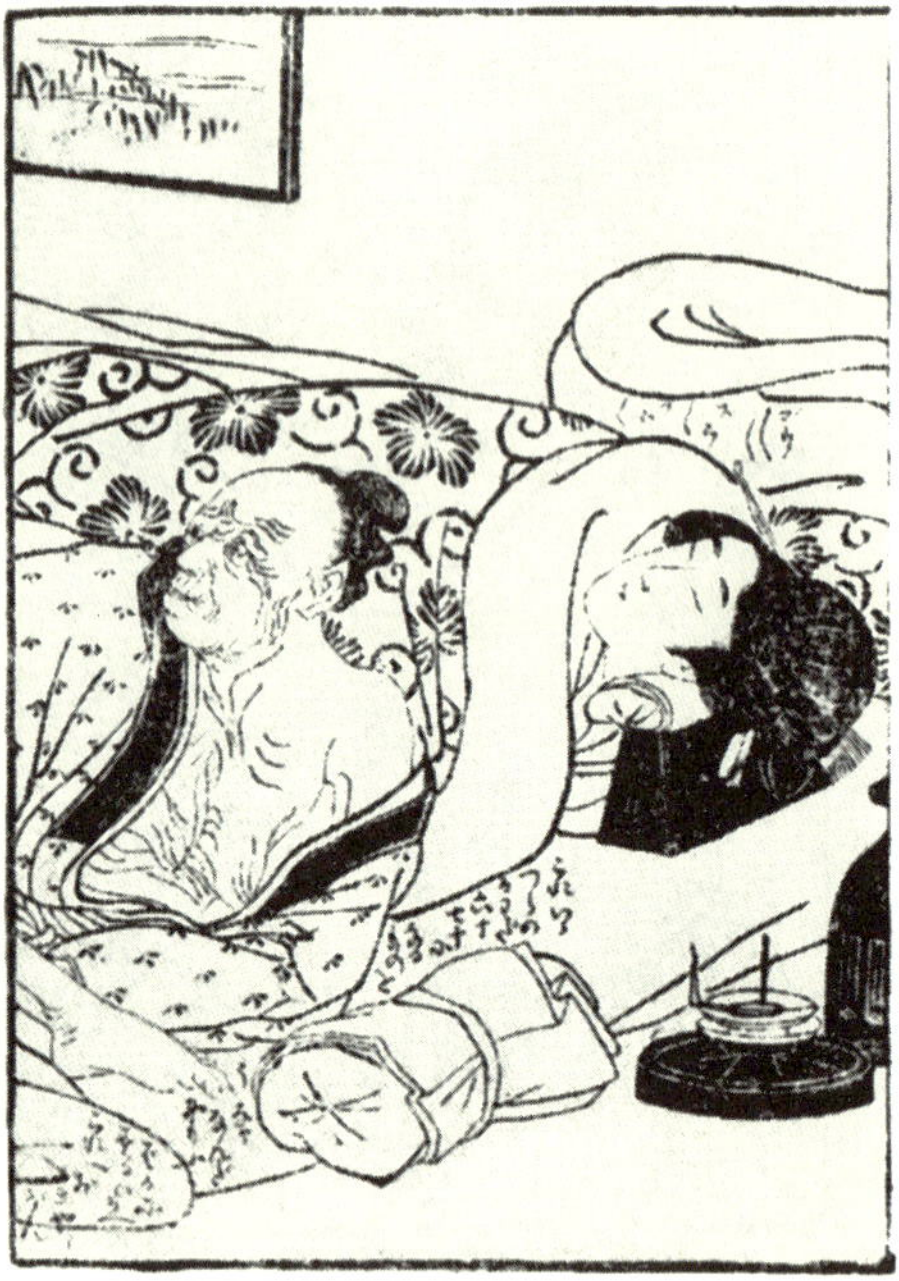

「これ、いゝ面の皮だ。六十七十になるものを、うなァ（うぬは）何だと思ふ、馬鹿にするのかへ、これへおきやァがんなせへ。気の利かねへ野郎だ。但しおらが娘のとこへ来よふといふ門《かど》ちがへかへ。おらが娘はそんなしみつたれた色男はきれへ（嫌い）だ。おれでせへ嫌《いや》だ」

「はい〳〵、御推量の通り、はい〳〵、御もつとも、はい〳〵、あやまりました」

こちらは、ひたすらあやまりの体《てい》、事が始まる前に露顕してしまったのか。情けない。それにしても老婆の「おれでせへ嫌だ」というのは何となく笑わせる。よほど嫌われたものらしいが、それが老婆の言であるところがユーモラスである。

ところが、この歌麿の図柄をのちに歌川広重がそっくり模作している。『春の世話《よわ》』（色摺半紙本三冊、嘉永四年＝一八五一頃）の中である（広重は、春画があまり得意ではなかったようだ）。図柄は同じなので、書入れを読んでみよう（次頁見開き）。

「この頃、わしがうちへ泊まりたがるのは大方こんなことだろうと思ッたが、いやはや手にこねおへねへ人だ。おらが娘は金箱だョ。たゞふるまふおまんこは持たねへ。それともこなさんが世話でもしてくれさつしやれば随分相談づくサ。三月しばり五両にまけやせう、安いものサ。のう、それともわしを世話にする気ならたゞでもいゝ。ナント安いものだらう。サア〳〵二タ口のうち、どちらでも食はッしやい〳〵」

と、これはまた強突張りの婆さんである。現実的かつ欲得一点張りでは手の打ちようが

ない。男は、ここでもひたすら謝る他はないだろう。「三月しばり五両」というのは、月極めで三ヶ月の妾奉公で五両というのだが、かなり高いのではなかろうか。それだけ稼げばたしかに金箱ではあろう。この現実的過ぎるところに笑いがある。

　こういう婆さんが出てくれば、浅茅ヶ原の一ッ家の伝説が想起されるのもむべなるかなであり、実際同じ頃に恋川笑山《こいかわしょうざん》が『艶色生写』(色摺中本一冊、嘉永期＝一八四八―五四)の中で、「見立一ッ家の図」を描いている(次頁見開き)。娘と若衆が交わっている裏で鬼の形相をした老婆が、「とんだ事をしやる」と覗いている。念のために記せば、一ッ家とは、江戸浅草橋の総泉寺付近の浅茅ヶ原に、娘と老婆の住む

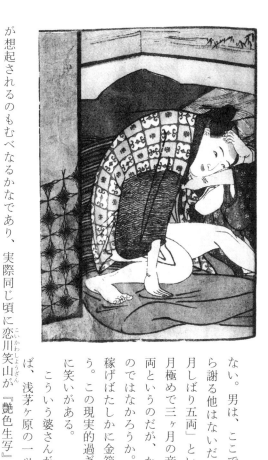

一軒家があって、老婆は娘をおとりに旅人を家に泊まらせては、石の枕に寝かせて上から石を落として殺し、金品を奪い取っていたともいうものだ。あるいは、老婆を怖いものと見る観方がどこかに潜んでいたものだろうか。

なお、先の「へこ〳〵」婆さんではないけれど、歌川豊国《うたがわとよくに》の『絵本時世粧《じせいしょう》』（色摺半紙本二冊、享和二年＝一八〇二）に登場する「女商人」なども印象的な老婆である。腰も少し

曲がり気味だが、まだまだ達者、若い者なぞに負けてなるものか、との面構え、まことに立派である。色気も簡単に抜けそうもない。夜這い男でも捉えたら、春章が描いた情景が生まれること必定《ひつじょう》だ。

とすれば、江戸時代においては、男たちは自分のこ

とは棚に上げて、女の色気の方が抜けないというか、いつまでも色気があるのが老婆というひとつの常識(?)に興じていたのではなかろうか。けれども色気というのは、色が否定的なことばでない以上、良きものとしても考えられていたわけだ。たしかにいまでも「色気がある」というのは、男であれ女であれ誉めことばである。

そこから、ひとつの理想的な「お婆さん」像が浮かび上がってこないだろうか。七十、八十歳になっても、まだまだ若々しく、肌の色艶もよく、上品で、色気もあって、というものだ。

こういうお婆さんも、かつてはいたように思うし、他の国ではあまり見かけないタイプではないか、と何かの写真集を見ながら思ったことがある。

少なくとも、日本の老婆は、ある時期までは、世界的に見て若いというか、歳を取らなかったように思う。長寿を完《まっと》うした文学者、野上弥生子《のがみやえこ》（一八八五―一九八五）、宇野千代《うのちよ》（一八九七―一九九六）、白洲正子《しらすまさこ》（一九一〇―九八）にしてもそうである。前者二人は百歳近く、白洲は八十八歳だったが、死ぬまで矍鑠《かくしゃく》としてそこには老醜が認められなかった。

これには、気候風土や食物の関係があるのかもしれないが、色艶もよく元気であった。文学者という特殊な境遇の人々ではあったにしても、若々しい老婆であったことには違いない。彼女たちが、正面切って老年の性について書いたものがあるとは聞かないが、白洲正子が晩年に書いた『両性具有の美』（新潮社、一九九七）などは、じつに若々しい筆致で日本の男色《なんしょく》という性風俗を語っている。

こうしたみずみずしい好奇心があったがゆえに、白洲は多くの若い男友達と渉《わた》り合っていけたのでもあろうし、それがまた、彼女の若さの秘訣であったのかもしれない。

また、宇野千代は、九十四歳のときに書いた短編「或る小石の話」で、歳下の男との肌の触れ合いを書いている。それを瀬戸内寂聴《せとうちじゃくちょう》は、「股を合わせたなんて書いてある。でも汚くない」と評している。こういうことは、当然のこととして受け入れなければならない。老婆の性を「キタない」「ハシタない」などと考えるようになったのは、まだまだ近い過去でしかないのである。

老夫婦の色事

前々章では春画に観る老爺を、前章では、同じく老婆を題材として、性意識の現代との違いや江戸時代の独自性を見てきた。そしてその当然の帰結として、老夫婦の色事を描いている点でも、江戸の春画は、そのユニークさをさらに強めているといえよう。そんなエロティックアートは、世界中どこにもないであろう。日本の特殊事情である。

ここで、谷崎潤一郎《たにさきじゅんいちろう》（一八八六―一九六五）の『鍵』を採り上げてみる。これは、老爺の性というよりも老夫婦の性を描き出した作品といえる。五十六歳の僕と四十五歳の妻、老夫婦と呼ぶにはいささか若すぎる気もするが、性的年齢から見て、老人への入口に差しかかった年齢と見てよかろう。老年に向かいつつある夫婦の不安、自分たちの性の営みが途絶することへの恐怖、といったものを正面から見据えた小説なのだ。それは、消え去るものの最後の燃焼といってもよい。

また、同じ文学者でいえば、獅子文六《ししぶんろく》（一八九三―一九六九）は、五十七歳のときに、松方幸子《まつかたゆきこ》と三度目の結婚をして、その後一子をもうけている。たしかに高齢になってからの結婚ではあるが、老夫婦に数え上げるのには、ちょっとかわいそうな気がする。

さすがに最近では、六十歳過ぎての結婚もたいした話題にはなるまいし、まして女性の方が若ければ、いまや普通の結婚と見なされるようになったようだ。女性の平均寿命が延びているので、六十過ぎの女性が結婚する例は今後増えていくだろう。

それだけに、「老夫婦」という言い方では括れないカップルが生まれつつある。

その意味では、ここで採り挙げようとしている江戸時代の老夫婦とは、当時ではすでに燃えつきたと思われる年齢、もう性関係は途絶したであろうと考えられる年齢の大婦ということになる。一般的に夫婦の性関係が終焉を迎えるのは、何歳くらいなのか。詳しくはわからないが、江戸時代には、一般的には女性の更年期を境としてそれが終わるとされていたようだが、必ずしもそうとばかり考えていたわけではなく、個人差が大きいことは、もちろん、彼らも充分承知していた。

西川定雅《にしかわさだまさ》の『色道禁秘抄《しきどうきんぴしょう》』（天保五年＝一八三四）によれば、女性が四十歳に閉経すれば、「陰門も閉塞する」のに、まれには、「六七十の老女淫乱なる在るは如何なる故乎《ゆゑや》」との設問に対し、

経候《けいこう》止めば陰門塞《ふさが》り、御《ぎょ》し難きが十に八九なり。それに茎の出入自由なるは経終る頃毎夜交接する故、膣中枯燥《こさう》する計《ばか》りにて、陰肉閉塞する所も茎にて開け置きしに因つて、津波《つば》さへ施せば晩年迄交接に及べる。

と述べている。閉経によって「陰門塞り」なんてことは、どうも俗説のようだ。この本の解説を書いている高橋鉄氏も、「更年期」というのはむしろ精神的な暗示に過ぎないとして、「自然にまかせて性生活を続けて行けば、閉経後もそれほど「枯燥」しない」としている。要は、心掛け次第ということで、そのことは、生理的・心理的にも実証されているとのことだ。五十代の女性が、二十代の男性と愛人関係というのもある。

作家の富岡多恵子氏は「月経がなくなったから女ではない」というのは、「人生八十年」時代にはあてはまらなくなっている、と指摘している。「にもかかわらず、多くのヒトは、その「人生五十年」の時代の考えをまだ信じているから、五十歳をこえた夫婦は性的におたがいを遺棄する状態に耐えねばならなくなる」(「性の非日常性」、一九八三)といっているが、はたしてどうだろうか。

ただし、「人生五十年」で性関係が終わってしまうという考え方は、正しくは、明治以降の近代日本のものであって、江戸時代ではない。少なくとも、江戸時代においては、老人の性については寛大であった。「いいトシをしてハシタナイ」とは考えていなかったのである。

ここで述べる江戸時代の老夫婦の性は、現代の思惑をはるかに超えた年齢、六十代半ば以上、七十歳過ぎの、皺《しわ》くちゃの老夫婦が対象となる。その年齢になっても、当然、性への執着はあると考えたのが、江戸時代の性意識だったようだ。そうした年齢の老爺や老婆の性の執着をこれまでの章で見てきたのだから、それ自体は別に驚くべきことでもない。しかしこれまでは、男女ともに若い対象を求めてのことだった。

しかし本章では、その老人同士が相対《あいたい》するわけで、現実的にはそれはそれとしてエロティックアートの世界ではユニークなカップルではなかろうか。

まずは、吉田半兵衛の『好色《こうしょく》訓蒙図彙《きんもうずい》』（墨摺小本三冊、貞享三年＝一六八六）から見てみよう。詞書として狂句「春は忘れ

ぬ老木《おひぎ》にも色」がはいっている。「老木に花」のパロディだろうが、花を色に言い換えたところがそれらしく面白い。老爺の一物もそれほど元気がなく、スムースに結合に至るかどうかははなはだ怪しいが、二人にとっては、そんなことはどうでもよく、こうした戯れだけでも愉しいのだろう。いかにも仲睦まじい夫婦の情景である。そして、それを不思議とは考えなかった時代のなごやかな風情が伝わって来るようだ。

西川祐信の『色道談合草《しきどうだんごうぐさ》』（墨摺横本三冊、享保五年＝一七二〇頃）の一図も睦まじい。

「あの音聞て、口成とすはふ」
「せんきを苦にはせいでなんじゃいの」

老婆のいっているところがよく判らないが、疝《せん》気《き》といっていることは、あるいは老爺の陰嚢の大きくなっているのに関係するのだろうか。疝気とは、睾丸、陰嚢の疾病を意味する。それはともかく、老爺のいうには、若夫婦の睦言を聞いてその気になった。せめて口なりを吸わせろとのことだ。これなどを見ても、口吸いはかなり日常化していたかに見える。これもまた、老木に色といったところで、これが老夫婦を見る場合の基本的な視点であったかもしれない。老婆が拒否しないところが偉い。

祐信他の取合本（墨摺横本一冊、享保十八年＝一七三三頃）の中の一図。老夫婦が交わっている。老夫婦の交合は、珍しくはあっても不可能というわけのものではないので、各人の努力次第、工夫

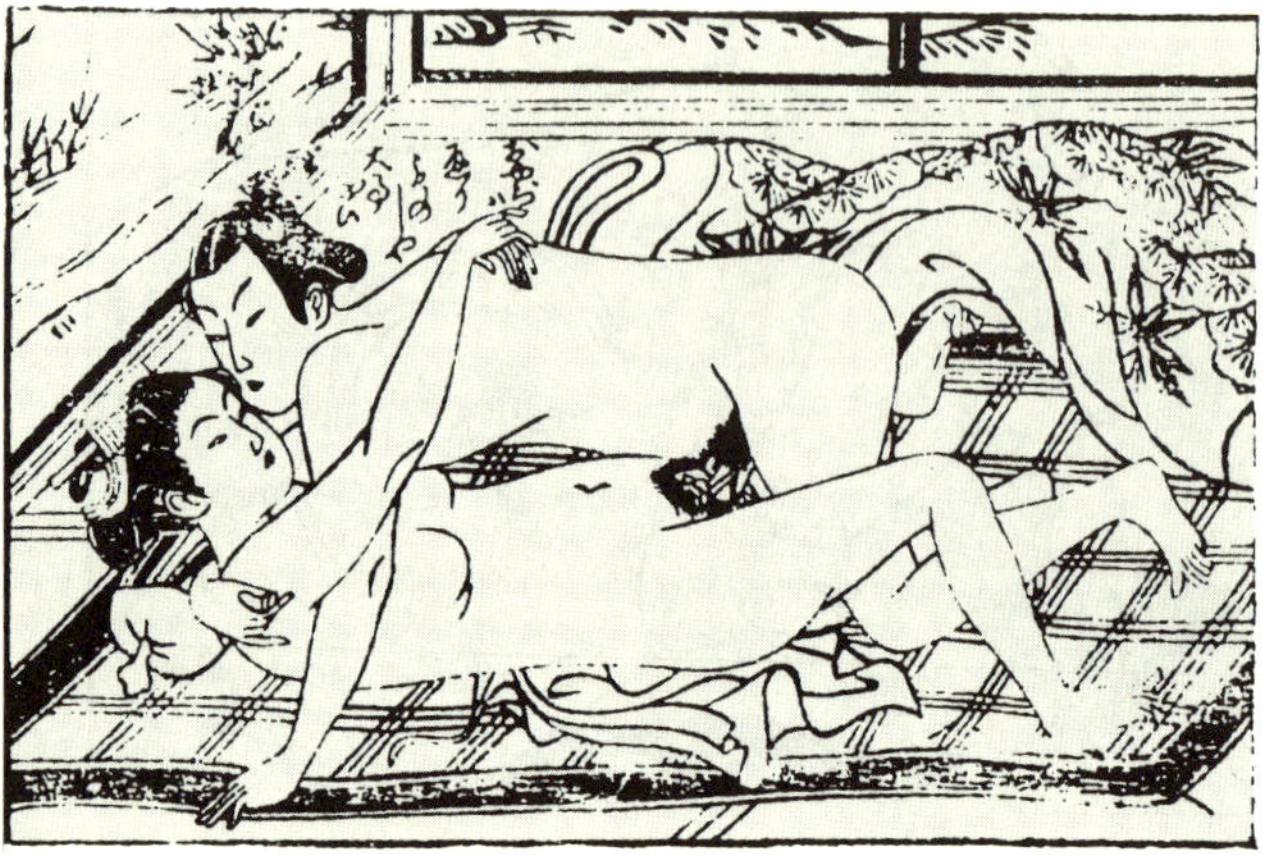

次第でなんとかなるのである。強蔵（精力旺盛な男）の老爺もいたことは既に見たし、色気を保っている老婆も見た。仲睦まじければ可能であることを示している。

「今どきの若い者どもは、ぶりうでよからしやうが、そふでない。はあ、もうゑからじや〱」
「こなたも年はよりしやつたが、こればかりはむかしに変はらぬ。前よりはなを巧者でかわゆいやうな。あゝ〱なむあみだ〱」

老爺のいうことには少々理解できないところがあるが、老婆のいうところは正確だ。昔と変

わらぬというのは、継続的に交合を行なっていたことを意味していよう。そして、「前よりはなを巧者」とは、怒力を怠らなかったということだ。「かわゆいやうな」とは立派である。夫婦和合の典型のような夫婦である。

夫婦和合といえば、上図の老夫婦なども穏やかな夫婦といえるだろう。川嶋信清《かわしまのぶきよ》の『好色三《こうしょくみつ》の里《さと》』（墨摺横本三冊、享保三年＝一七一八頃）の一図。老夫婦の寝ている隣室で若夫婦が営みを始めている。

「とつさんのきかんしよぞへ」

「おやぢは、通りもの（人情の機微に通じた者）じゃ、大事ない」

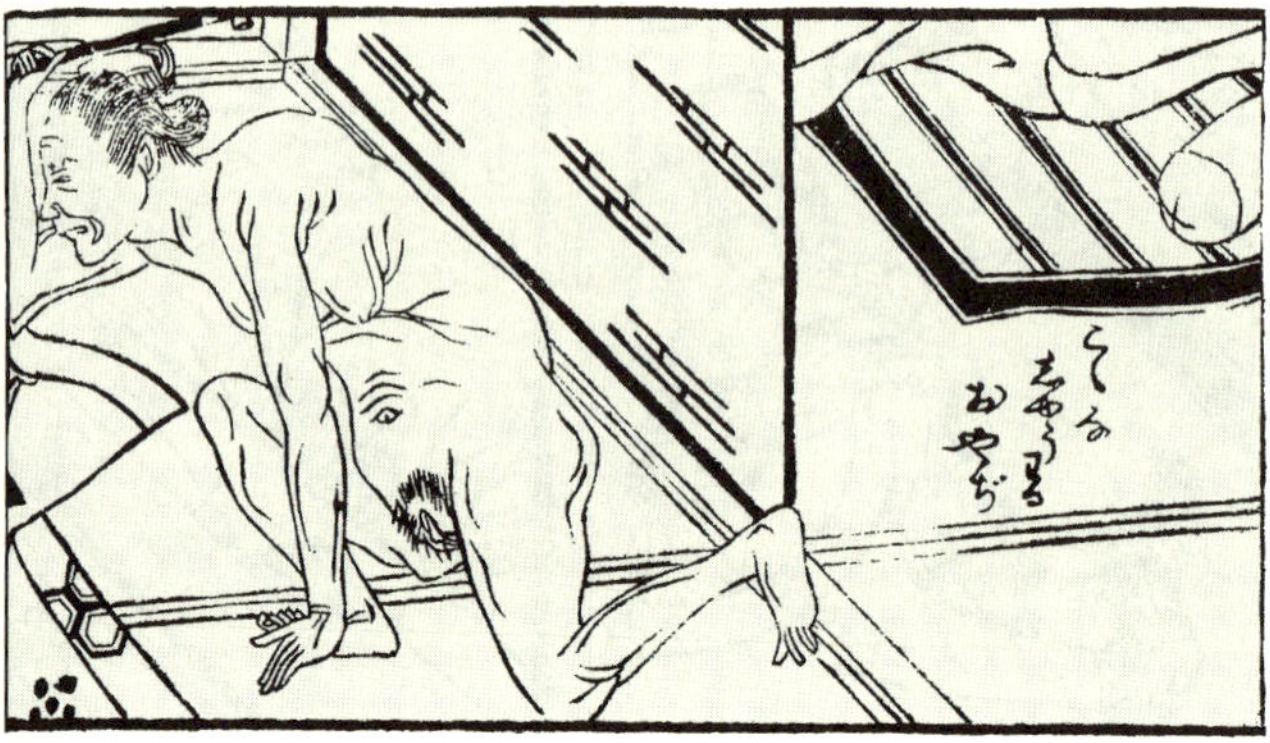

はたして、この老夫婦、本寝入りか空寝入りか、判断のつきかねるところだが、春画の趣向から考えると、空寝入りということになろう。それがいつまで続くものか、自ら行動を起こさないとは限らない。たしかに息子のいうように、通り者の爺さんであれば、そのまま寝入ってしまうかもしれないが、婆さんの心境やいかに、といったところだろう。

そうはいっても、春画の中でもっとも多い夫婦像は、一般的にいってやはり「浮気の図」であることもまた事実である。しあわせな夫婦よりはそちらの方の関心が高いのは、いまも昔も変わらない。春画も刊行物である以上、受けを狙うのは当然だからだ。老爺が浮気するのも当り前、当然ながら老婆も嫉妬する。年齢にはあまり関係がない。そこでドタバタ劇が始まる。世間の関心はそちらに傾くのだ。

でも、次の場合は、嫉妬だけの問題では治まり切れまい。

蘇《そ》雲斎《うんさい》千酔《せんすい》画の『欠題艶本《けつだいえほん》』（詳細未詳）中の一図だが、老爺の浮気の現場に、全裸の老婆が頭の上に煙管《きせる》を振りかざして乗りこんできたものだ。「こゝな性悪おやぢ」と怒るのも理の当然、この性悪爺の相手は、息子の嫁か、はたまた上女中か、どちらにしろお腹が大きく、岩田帯を締めていることからして妊娠中の女が相手である。老爺が、「大ぶん、よい〳〵」などと呑気《のんき》なことをいっている場合ではない。

息子の嫁だと、事はより複雑で面倒だし、女中ということであれば、こんなになるまで家に置いておくことは不自然だ。もしこれが、妾とでもいうことになれば、それ自体女房も承知の上での同居だから、婆さんがここまで怒ることもあるまい。と考えると、この三人の人間関係がなんともつかみづらいのである。

情景的にはありふれたものだが、浮気の相手が若い妊婦というのが解せない。江戸時代の舅《しゅうと》と嫁との関係が微妙であったのか、それともまんざらなくはない関係と見なしたフィクションであったのか、判断がつきかねる図柄ではある（この図を模作した別図では、はっきりと息子の嫁としている）。

いずれにせよ、亭主の浮気も、そして女房の浮気さえも、それほどたいそうなこととは考えられていなかった当時ではあるが、この老婆の怒りは尋常ではない。やはり訳有りの情景ということであろう。

とすれば、老夫婦の息子が早死にし、残された嫁が若後家となってしまい、この嫁と舅の仲ができてしまったということも考えられる。もともとは他人でも、いまは義理とはいえ親子である。老婆が怒るのも無理ではない。案外こころあたりが落としどころかと思う。若い未亡人というのは、舅にとっては気になる存在であったのだろう。

若くして夫を亡くした場合、家付き娘は別として、当時は、婚家を出て再婚といったケースが多かったらしい。けれども、子どもがいたり、あるいはそこが気に入ったりとかで、婚家にそのままとどまることもあった。夫の弟が独身だったりした場合にはその弟と再婚というのもあったが、強制というのではなかったようだ。

ただ、婚家に残った場合に、若い嫁と舅というのは、どうしても微妙な関係になりやすく、そうした事例は結構あった。姑《しゅうとめ》としても、黙って眼をつぶる場合もあろうが、これが妊娠などという事態になると、事は面倒になる。姑の嫉妬というよりも、たぶん世間体の方が気になったのではないかと思う。

病気とか何とか理由をつけて、里に預けるという手もあろうが、世間の口には戸を立てられぬというではないか。いずれ知られてしまう。となると、姑の面子《めんつ》が立たないのだ。

というのも、舅と嫁といえども、そこは男と女、そういう関係を許してしまった姑に対しては、意外と冷たい眼差しがあったらしい。夫婦であることは、いくつになっても難しいということか。

にもかかわらず、結構あり得た関係とも考えられるところが、それが逆に人々の関心を呼ばなかったものなのか、川柳にしろ、春画にしろ、それほど趣向としては採り挙げられていないのである。

けれども、探してみればやはりあるものだ。喜多川歌麿の『會本三女歌多智《みめかたち》』中に、舅が嫁に迫っている図がある。「としよりだと思ってあなどつたら、当《あて》が違うだんべい。昔の隠居は、かくれいると書くが、いまの隠居は、まかりでると書きます。舅へ孝行するも夫のためじや、これ、嫁女《よめじょ》、コレサ〳〵」というのだからいい気なものだ。嫁は、「おまへさんは、お年に似合わぬ」と返している。

じつは、同書の上巻付文《ふぶん》にも、夫の留守に舅とできてしまう嫁の話が出てくる。見合いで結婚したが、その夫の一物は小さく、すぼけまら（皮かぶり）で、こんな夫と一生連れ添わねばならぬのかと嘆いていたら、夫は伊勢講に出かけていった。留守中は、裏の別棟に住んでいた隠居が母屋に移ってきて一切を取りしきる。

ある日、奥座敷へ呼ばれ

て舅の腰をもむうちに、「コレ嫁女や。何も孝行じや、ちとこの年寄が自慢のものを見や」と手を取られ握らされて、見れば六寸ばかりの上物《じようもの》、二、三ヶ月も後家同然の暮しをしていたあとゆえ、とうとうここで隠居と一儀にいたるといったもの。

わたしも道ならぬ事は合点なれば、「ごめん〳〵」と玉門を押へて逃んとしても逃さず。「コレ、此年寄に孝行忘れやったか」とむりやりにおさへ付、玉門へ手をやらるゝに、わたしも大物に心うかれ、是を入たらどれほどよからふと、思ひしゆへ、溜淫水がひよろ〳〵とはみ出してゐる所へ、指二本迄入れてさいなまるゝ巧者。「是程出してゐるから、否《いな》の応《おう》のとやかましい」と、一もくさんにずぶ〳〵と、（中略）その大物から若い者のやうに、しやり〳〵とやらるゝときは、わたしの子壺へ煮湯をつぎあまるやうで、その心快さ。「また行くよ〳〵」と、皺だらけな頬へねぶり付、「息が切れて気が遠うなります」と、したゝか口を吸へば、一物太くほこり、九浅一深と打かへしおこなはるゝ上手さ。

という次第。その後も嫁の方から持ちかけたりと、続いたのだが、亭主も帰り、周囲に浮き名も立って、その家を出たという始末（同図版は修正されているので本書には掲載していない。『季刊浮世絵』八十三号に翻刻あり）。このような舅と嫁との関係を、俗に「粟《あわ》まき」という。

舅と嫁の「粟まき」に対して、姑と婿との関係は「芋田楽《いもでんがく》」ないし「親子丼」という（「親子丼」は母娘相手であれば必ずしも姑と婿とはかぎらない）。どちらかといえば、川柳などでは、この姑と婿との関係がポピュラーである。

○ころび合《あい》おふくろさまのやうに見へ　　柳三

おふくろさまのように見えるのも当然、義理の親子である。どういうわけか、娘の婿に手を出すおふくろさんが多いというのだ。母娘の家庭が結構あったものなのか、それとも自分の子どもがいなくて、婿養子を取る家が多かったのか、いずれにしろ、養子縁組の多い時代ではあった。

それも、娘に婿というよりも、後家さんが自分の相手として養子を取り、しかるのちに嫁をもらうという、まわりくどい筋道をたどったようだ。そのことを直接に書いた科白《せりふ》が、春画の中にあった。葛飾北斎《かつしかほくさい》かともいわれている『東《あずま》にしき』（大錦十二枚組物、文化八年＝一八一一）に、

この子は、歳は若し、器量はよし、大方弱かろうと案じたに、思ひの他に強そうで、死んだ仏より、おれの方がいゝ養子をして、大きに安堵した。

母だと思つて、おれを馬鹿にさつしやると、おれが目の黒いうち、嫁をとらせることたァならねへ。もつたいなくも、母と頼んだわしの上へ乗るといふは、冥加ねへと思つて抱かれて寝たがよい。

と、まるで、男妾でも囲うように養子をとる。

後家さんも、若い養子をいつまでも一人占めにしておくには世間体が悪い。そこでしかるべき年齢になったところで、養子に嫁をとる算段をする。こんなところに来る嫁は災難としかいいようがないが、あるいはそれを承知してくる嫁もいるのか。

これでは三人とも他人同士なので、「親子丼」とはいえないが、義理とはいえ母娘なので、やはりそのように見られたのであろう。

どうして、このような組合せが可能だったのか、考えてみると不思議である。先の舅と嫁とは、同じ家内でいつしか情が移ってという同情の余地があったが、この後家さんの場合は、一種合法的にというか、計算ずくで擬似家庭をつくり上げ、そのうえで一人の男を自由にするのだから、あっぱれとしかいいようもない。

それが欲得ずくであろうとなかろうと、このような擬似家庭的な人間関係が成立するというのには驚かされる。妻妾同居（武家社会の場合はほとんどそう）などと並んで、いかに江戸時代の人間関係がドライであったかを示していよう。

人間は、性愛によって結びつくが、それによって拘束されはしない、とても覚悟してい

るかのようだ。親子関係も夫婦関係も、性愛関係のみによっては、その枠組を崩さないといった趣きがある。たくましさといった点では、江戸の女は、男よりも一枚上手《うわて》であることはたしかである。

さて、少し横道が過ぎたか、本筋に戻ろう。

鈴木春信の『風流艶色真似ゑもん』（中判錦絵二十四枚組物、明和七年＝一七七〇）の第七図。「老のたのしみを見て、としよりの情を思ひ出す」との詞書のあるこの図は、蚊帳《かや》の中の若夫婦の媾《まぐ》合《わい》に刺激された老爺が、老妻に口吸いを迫っているというもの。先に見た祐信の『色道談合草』の図柄をそのまま趣向ともども流用している。

「ばゞ、口なりとすはせやれ。あれ〳〵、あの音を聞きやれ」

「此人とした事が、いやはや」

と、書入れもほぼ似ている。祐信との違いをいえば、前者は町家、後者は田舎家へと転換している。それだけにそののどかさが頬笑ましい。老婆の方はいくぶん困惑気味だが、まんざら拒否している風にも見えない。ただ爺さんの陰嚢が祐信同様馬鹿でかく描かれているが、それが何を意味しているのか、そこには何らかの由来があるのだろうが、定かではない。おそらく、疝気と関係しているのであろうが。

そこには、何やら批難がましい気味も感じられるが、とりあえずここでは、老人における回春の情を肯定的に眺めていて、揶揄《やゆ》する気はないように思う。老人にも性的欲望（色事への関心）があって当り前、夫婦だもの、ときどき、こういうことがあってもよかろうじゃないか、というのが作者ならびに画師の考え方なのだろう。春画作品の受容層の年齢が高ければ、考えられうる趣向のひとつではあったように思う。当時もいまも、春画の受容層はかなり年齢層が高く、五十、六十歳以上の人々が多いのである。

逆に江戸期の画師たちは、そのことを認識していたがゆえに、このような老人の登場を趣向として考え出したともいえるのだ。

隠居した大名同士は、春画を贈答しあったり、ときには貸し出したりしていた。近世史家の氏家幹人《うじいえみきと》氏も紹介しているように（『江戸の性風俗』、講談社現代新書、一九九八）、川路聖謨《としあきら》『浪花日記』には「浅野中書、菱川もろのぶが画たる春画をもち伝たると聞て、人々借たり」と、旗本仲間で春画の貸し借りがあった例が記されている。

中でも八十五歳になる村田矩勝《のりかつ》の例が、ほほえましい。柳沢淇園《きえん》が『ひとりね』（享保十年＝一七二五頃）で述べた、「手ならひなどして、気つきたらん時よむべし。心を養ふてよし」を、そのまま実践しているような話である。

次に見る司馬江漢《しばこうかん》の『艶道増かゞみ《びどうます》』（墨摺小型半紙本一冊、明和六年＝一七六九）では、鈴木春信描く老夫婦よりはもっと積極的な老夫婦が出てくる（次頁見開き）。

「世間のつき合じや、浮気にはかはる事がないと云てすましているが、まだ〳〵見やれ花じや。御身も又、あらばちにかへり華じや、こたへやれ」

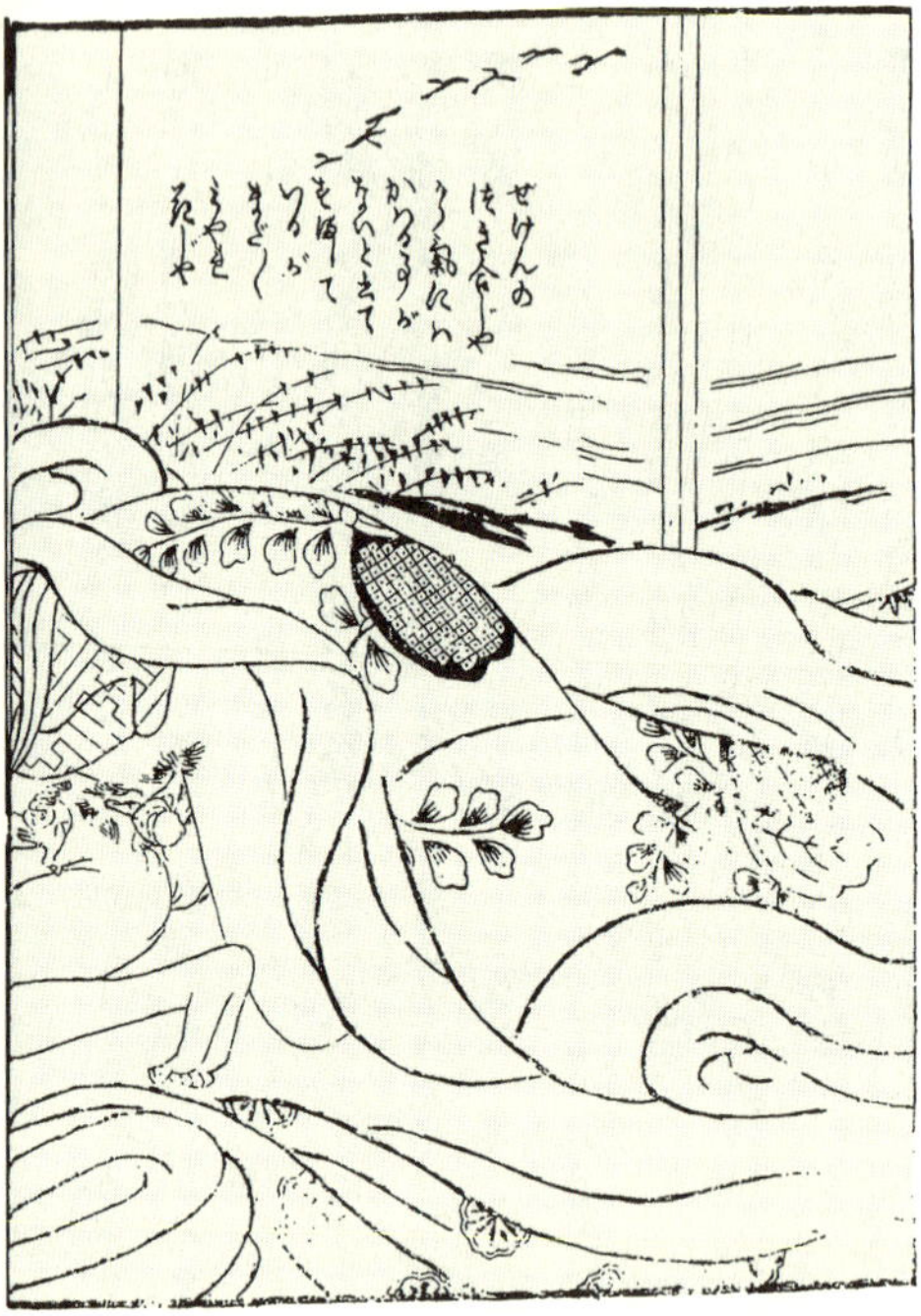

世間一般では、婆さんなどは放っといて、外で若い娘相手に浮気するのが当り前とすましているが、まだまだお前さんにも色気がある。昔の未通娘《おとめ》に帰ったかのようだ。応えておくれよ、と老爺が口説いているのだが、泣かせる科白《せりふ》ではないか。

ここまでいわれれば、老婆もその気、

「久しく遠去《とふざか》つた。そいが跡へはいるようだ。新枕《にいまくら》の時よりうけにくい。あゝいたい／＼、そろ／＼、なむおめだ仏／＼、

はやくぬいて下され」

とはいえ、久しぶりのこと、そう簡単にはうまく事が運ばない。一旦その気になってはみたものの、やはり苦痛だという。新枕（初めての契り）のときよりも受けにくい、と答えている。

図柄から見ると、爺さんの一物《いちもつ》が中折れ状態で、そのためにうまくいったかどうか、不安のようだ。しかし、科白を読むと交接は可能だったようで、「早く抜いてくれ」と老婆はたのんでいる。なお、この図柄は、祐信の取合本に範をとっている。「なむおめだ仏」は、趣向上の誇張だろうが、その涙ぐましさがかえって愉快だ。

北尾重政も、『艶《え》本《ほん》色《いろ》見《み》種《ぐさ》』で、若夫婦の睦事《むつごと》に触発される老夫婦を描いている。詞書に、

うらやんで爺《ぢゝい》を起《お》こすしうとばゞ　末一

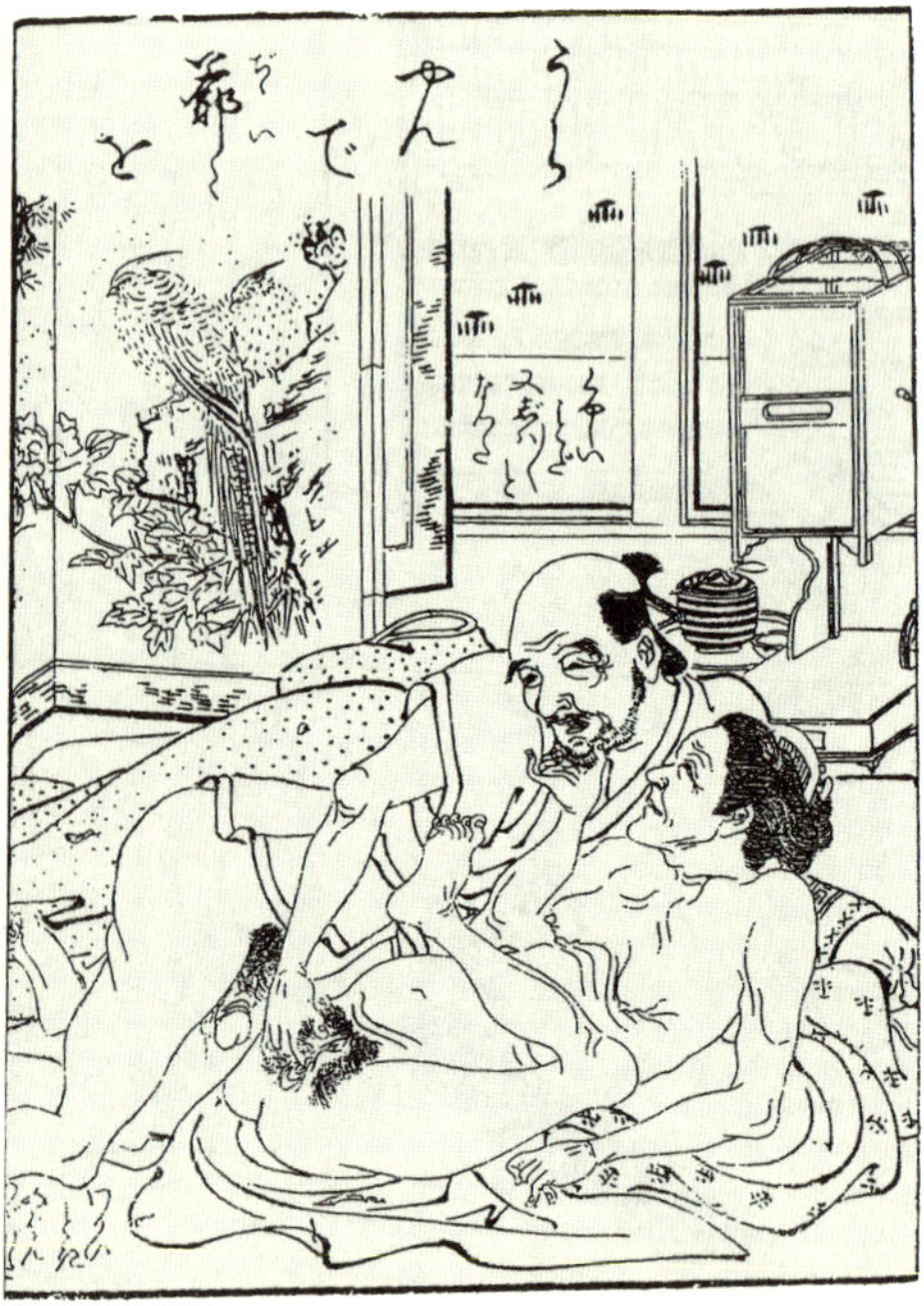

との川柳がはいっている。急に揺り起こされても、老爺の方は準備不足、その気にはなってもなかなか思うようには持続しない。「くやしいことだ。又じは〳〵となつた」と、思いどおりにならないことを嘆いている。老婆の方は「若いとき、五ばんつゞけたことを思ひ出さしやれ。アレ〳〵、ア

ノよがるのを聞かしやれ」と、少々焦《じ》れている。情を揺り動かされたのは、ここでは女房の方である。老婆のにんまりとして、亭主を愛しそうに眺めているのが、いかにも仲睦まじげだ。観る側は、無理もあるまいと、無責任に興じている仕掛けだ。

　若夫婦の方も、その両親の気配を察して、「ア、、もふつんと、アレ〱」と上りつめている妻に、「しづかによがりや」と夫の方が両親に気を遣っている。狭い家屋の内のこと、よがり声も筒抜けだったのだろう。若夫婦の営みに刺激される老夫婦や、びっくりして目覚める子どもとか、それを覗きに行く丁稚《でっち》や女中とか、当時の社会では春画のモチーフにも事欠かない日常が繰りひろげられていたようだ。

それでも、苦戦する老爺に対して、老婆の方も口ではきついことをいっているが、夫の顎に右手を添えて、いかにも愛しそうな表情で夫の顔を見ている。いや、元気で結構結構、と励ましたくなるようなほほえましさがある。

男はどうしても色事を短絡的に考えて、性器の結合のみを最優先しがちだが、何もそれほど交接にこだわる必要もあるまい。無理に結合しなくとも、老夫婦には老夫婦なりの楽しみ方がいくらでもありそうなものである。しかしそこが春画であって、交合場面を描かなくてはと、どうしても関心がそこに集中してしまうようだ。

それでも男は交接にこだわるものらしく、とりあえず頼りにするのは、いまも昔も薬物である。まずは飲み薬、古くからの滋養強壮剤としては、「六味《ろくみ》地《じ》黄丸《おうがん》」が有名である。それほど即効性はないが、日頃から習慣的に服用することで効果が表われるという。

○地黄丸女のほめる薬なり　　武十七

というのも、わざとらしくないところがよかったのだろう。夫婦にとっては他人に見られても恥ずかしくはない薬だった。いまでいえば、一般薬局用である。

これに対して、四ッ目屋などの性具・性薬の専門店が売っている「帆柱丸《ほばしらがん》」（服用薬）や「長命丸《ちょうめいがん》」（塗布薬）などは、その即効性を売りにしていた。それでも役に立たなければ、「助け舟」（性具）という手もあった。

こういうことの研究にはひどく熱心だったのが、江戸時代人である。女性用の「張形」にしても、男の手に渡ると純金銀製のものをこしらえて遊女に試み、使用後そのまま遊女の体内に置き去りにしたので喜ばれた、なんていう大店《おおだな》の老趣味人もいたくらいである。

何も無理することはあるまいといっても、それでも諦め切れず、何とか交接に持っていこうとするのも、人間の性《さが》か。そのための努力も怠らず、いろいろと考え出すのが人間で、そのことは性薬・性具の開発によってでも見てとれることはすでに触れた。

そこで見出した卓越な新工夫、新発明といったものが、かつてガマ先生と呼ばれた南喜一が盗用におよんだ「ドリル式」の技法だ。そんな技法がどこでどのようにして生まれたものかは残念ながら知らないが、勝川春章の『さしまくら』（墨摺小本一冊、安水二年＝一七七三頃）という小咄本に、挿図付きで載っている。

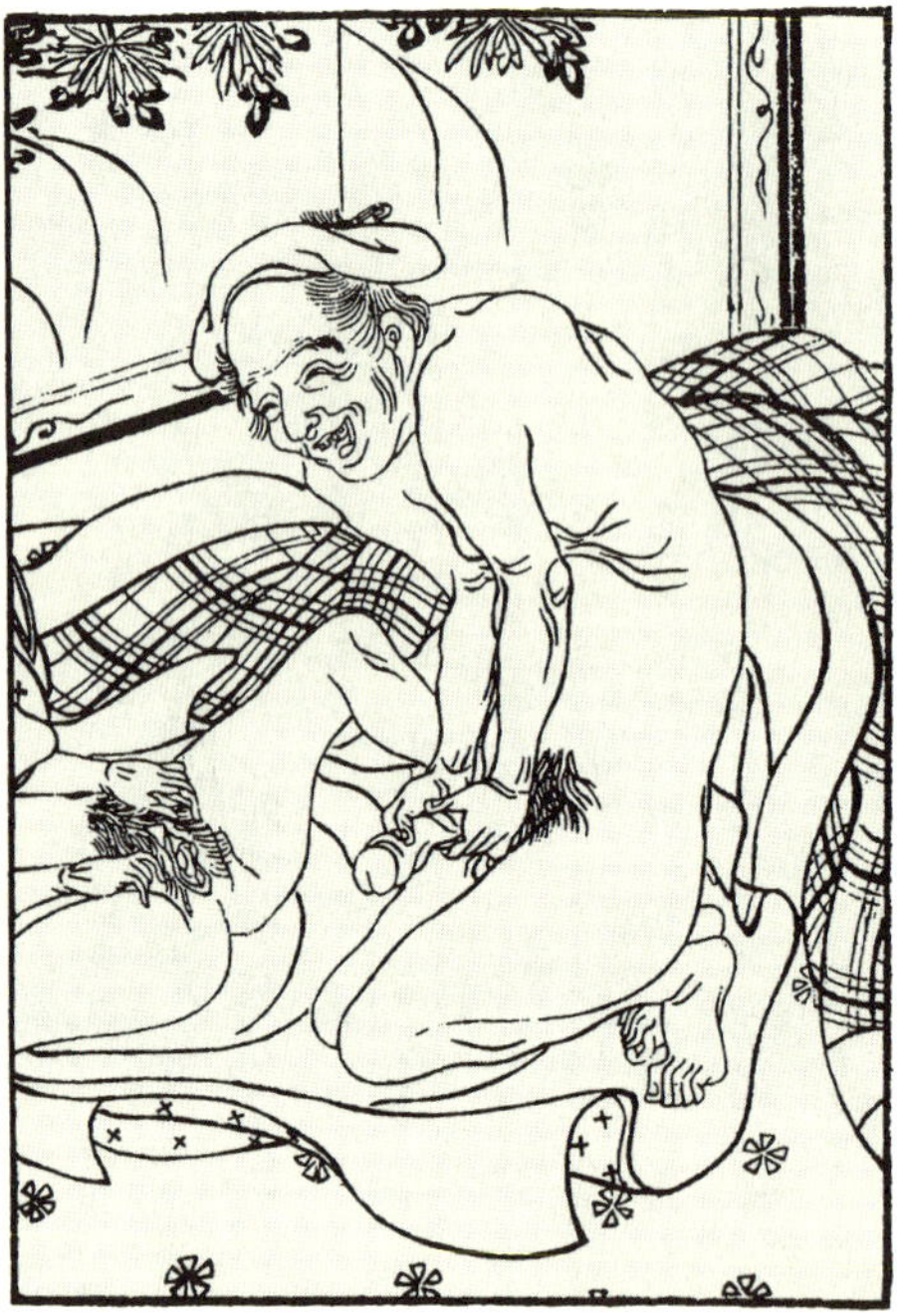

尉《ぜう》と姥《うば》

老《としより》夫婦も春は気が出て、「お婆、今夜は一目押ふ」「よふござらふ。茶碗を取て来ませふ」と仰《あふのけ》に成て、茶碗を小腹《ほがみ》へ当て、「さあ、縷《より》を掛さつしやれ」「合点じや」と、爺は陰茎《まら》の頭を捕へて、左褄に縷を掛る。婆は茶碗を強く押付けて捻れば、其張合に、皺陰戸《ぼぼ》が、ぱつかりと広がると、爺はしなびまらの縷を掛たを押付て手を放す。縷の戻る拍子《へうし》にひよろ〳〵とはゐる。

といったもので、ガマ先生がこれを「ドリル式」と名付けたわけだ。

ただ先生は、若い女相手

のことしか頭になかったので、老女の手法である茶碗の方は無視してしまい、それへの言及がないのは惜しまれる。これをして、減圧式とか真空式とかと呼んでもよかろう。ただし、現実の場においてそのようにうまくいくものかどうかは、筆者とて保証の限りではない。

○よからぢもないとばゞあの久しぶり　末二

けれども、画中の老夫婦にとっては、うまく事が行なえたのであろう。喜色満面といったところだ。これで事がうまく運ぶなら、薬はいらない、思いもかけない発想の大転換である。

まこと、こんなことまでも考え出してしまう江戸時代の発想の自由さ、その熱心さには心打たれるものがある。性をこのように自由な発想によって捉えるということは、それを罪悪視しているような文化でないことが理解できる。そこには、意識の上でも抑圧されていない明るさがただよう。じつにあっけらかんとしていて、それでどこが悪いのだ、といった自信に満ちた表情がある。

誰しも、江戸時代の文化や社会のすべてがよかったなどとは考えまい。けれども、性に関する概念だけは、明るくオープンマインドであることは、認めてよかろう。屈折がなく、ストレートに色事に対している。しかし、江戸時代における売色制度の持つ暗さを指摘する見方もあろうが、それは、社会制度の問題であって、性意識の問題とはまた別のものだろう。

それにしても、この老夫婦の屈託のない笑顔には、観ている側もしみじみと羨《うらや》ましく、かつしあわせな気分にもなる。と同時に気づくのだが、こうしたしあわせ感をかもしだしている春画の図柄が、なぜかそのほとんどが夫婦の交合図であるということだ。そのことを、当時の画師たちがどこまで意識していたものかはわからない。

夫婦の交合図がすべて幸福感に満ちているといったわけではないし、たまたま描いた結果がそうであったという公算の方が大きい。しかし、そのたまたまが重要で、意図せざるものがそこに零《こぼ》れ出たとすれば、無意識にせよそうしたしあわせな夫婦像がイメージとしてすでに確立されていたということだ。

『さしまくら』の老夫婦は、鳥居清長の『袖《そで》の巻』中の妊娠中の夫婦、喜多川歌麿の『歌満《うたま》くら』中の小肥《こぶと》りの女房のいる夫婦とともに記憶されてよい夫婦像だ。これら春画の中の夫婦が、わりかししあわせそうに見えるのは不思議なことだ。というよりも、外国人の眼から見ても、江戸時代の日本の家族が仲睦まじく見えたということを考え合わせると、われわれの江戸時代認識の方が、いまだ封建制の悪夢に捉われているのかもしれない。

なお、前図の小咄の題は、「尉と姥」となっていた。これは、高砂伝説を意識した老夫婦の交歓の図であった。春画では、色事を寿《ことほ》ぐ意味で高砂がよく引用される。必然的に尉と姥との交会となる。でその一つを取り上げておこう。

喜多川月麿『笑本柳巷始開花《さとのはつはな》』(色摺半紙本三冊、文化十年＝一八一三)で、尉と姥とがなごやかにこれから睦み合おうとしている。それを祝すかのように、鶴と亀とがひかえている。

所は高砂浜のおれもおまへも年よりて此まら骨もあきはてる。突くたびごと出る白水の並のぼゞより汁だくさんや。

まずは目出たいというべきか、年はとっても、まだまらもぼぼも健康でと、夫婦和合の見本を証している。

そして、高砂が出て来たところで締めくくるのが春画・艶本の決まりだが、野暮を承知でもう少

し続けよう。夫婦円満のあとは、夫婦喧嘩である。お定まりの亭主の浮気である。

歌川国麿『金瓶梅《きんぺいばい》』（小判錦絵十二枚組物、天保期＝一八三〇―四四）（次頁）。

「又してもく、昼日中、此又すけべい女がぅぬ」

「ばゝアどん、もう行くとこだに、なさけない。ア、もうからだがしびれるやうだ」

「それだから昼間はおよしといつたのに」

強淫な老爺もいたものだ。なんと大きな一物だろうか（というよりもこの時期の特徴でもある）。老婆の怒りはわかるが、娘の陰毛をひっぱることもないのではないか。不思議な（？）ことに、女房の怒りは、亭主に向かうよりも相手の女に向かうことの方が多いようだ。昼日中というから娘は、あるいは女中かもしれない。なにしろ家内にいろいろ若い娘が同居していることが多かったから、老爺としても、ついふらふらと娘に手を出すということにもなるのだろう。老年になっての独り身の寂しさも見たが、双方健在というのも、時には騒動の元にもなるわけだ。

伊藤晴雨《いとうせいう》『論語通解』（石版十二枚組物、昭和四年＝一九二九）。この本は、昭和期の作品

だが、江戸期の艶本を参考にしていろいろアレンジしたものなので、本書に入れることを躊躇しつつも、既出の北尾重政の『艶本色見種』の図を採り込んでいるので、参考のために拾うことにした。秋の紅葉狩、焚火の脇で若いカップルが事を始めたのを見て刺激されたのか、老夫婦もそれにあやかろうとしている。ただし、事はそううまくは運ばない。いずれにしても、老夫婦がこんな場所で始めるということ自体不自然である。そのなりゆきを子どもが見ているというのも不自然。あるいは、若夫婦に老夫婦、子ども二人という一家と考えられなくもないが、それならそれでいっそう不自然に見える。何か、交合場面を描きさえすれば春画になると考えていたのだ

ろうか、不思議。そこに、江戸時代との違いが表われている。

さて、やっぱり最後は、尉と姥に再登場願おう。歌川豊国『絵本開中鏡』の末尾である。結婚の祝いに島台に飾られていた人形の尉と姥が、新郎・新婦の初夜の営みを見ているうちに淫情を催してしまったという。では、彼らの思いを聞いてみよう。


「俺もさつきから婚礼のとぼすも見るが、又あのやうにする者もない。全体娘のうちから出来てあつたと見へる。色〳〵の事をしておるが、若ィ者といふものは達者なものだ。又あの嫁も好きな方だ。なんでも三時《どき》ほどしづめにしていおる。あんまりするのを見ているから、昔の事を思ひ出し、久しぶりでやらかすが、婆ァどのおつなもので、どうやらこふやら入る奴さ。これさ〳〵、あんまりそつちへ寄ると島台の足が三ッ足だから、ひつくり返るぜ。用心するがいゝ。どふだ、これでもいゝか」

「爺《ちい》さま、よふござるが、何か時〳〵皺へひつかゝつて、痛《いた》へよふでござる。しかも七八百年ぶりでしたせいか、いゝか悪《わる》いかまだ知れませぬよ。此年になるまでするというは、めでたい事でござるよ。おふ〳〵めでたい〳〵、やれ〳〵めでたい〳〵〳〵」

其三

まさに、めでたし、めでたしの大団円である。若夫婦の睦事を聞いての仕儀も大体このようなものであったろう。性はめでたいものというのが、江戸時代の根本的な認識であった。

しかし、どう交わるかというのは、先の『さしまくら』の例だけでなく、いろいろと悩みの種であったことも当然の事実である。それだけに、その悪戦苦闘振りがユーモラスで、人間的な親近感を覚える。とりあえずは、その対処法の一つを。

飯尾《いいお》東川《とうせん》遺稿『男女狂訓華《はな》のあり香《か》』（元治元年＝一八六四）という幕末の性指南書は、年齢別に女性と交わる法を説いている。女性の年齢が六十歳で終わっているのが残念だが、閉経後と思われる「四十五六より五十迄を犯す弁」に、「此年頃に至れば、いか程美しく又若く見ゆる女にても、最早年役《としやく》（年相応）に婆《ばゝ》と呼れて」、年老《としより》の部類になる、とした上で、次のようにいっている。

「しかし男とは違ひ、女は幾歳《いくつ》になりても房事《いろごと》に間に合《あは》ぬといふことなけれど」と、年齢に関係なく色事ができるとし、閨《ねや》に入《いっ》ていやらしきは年寄《としより》同士に限る物にて、先《まづ》今宵犯《をかさん》と思へば、女を湯にいれて開《ぼゝ》をよく〳〵洗《あらは》せおき、酒を呑せ御定りの通りいぢりかけるに、始めはよがらせんと思《おもは》ず、こそぐる気味にて、胲《さね》をチョイ〳〵とつまみなどして、其中に男も気ざし、女も潤ひ出す頃より、男は躰を前後《あとさき》になり、生《おえ》たる茎《まら》を女の顔に付つけ、男は開《ぼゝ》をなめ廻し、胲《さね》を舌にてしごくやうにすれば、いつしか女はうつゝになりて、塩からき吐《と》淫《いん》を流し、我を忘れて気をやるなり。

と、必ずしも交合に捉われずとも、気をやる方法、性戯を解説しているところが目新しい。「男は躰を前後になり」とは、体位のシックスナインのことをいっているわけで、「いやらしきは年寄同士に限る物」かどうかは別として、「気をやる」方法は、双方が協力し合えばどうにかなるといっている。

いくつになっても色事からは抜けられないとしたら、老夫婦でも、その工夫次第でいくらでも楽しみ方はある。いやらしいと恥じることもない。

これが江戸時代における老夫婦の性のありようとすれば、現代から見ても新鮮な考え方ではあるまいか。そして、春画ほど明るく肯定的に老年の性を語ったものは、他にないのではないか。老年の性といえば、何かしら陰湿であまり触れたくないもの、できればないものであってほしいと考えがちだが、人間の性《さが》ではそうはいかない。しかしながら現代の老年の性は、いわば余計なものとして位置づけられてきたとの観が強い。それが肯定的に語られるようになったのは、ごく近年のことである。

ときに元気な老人がいるが、それはあくまでも例外中の例外。一般的には、老人は性から除外されたものとして存在することが望ましい、と考えるのが普通であった。

幕末の性指南書『男女狂訓華《はな》のあり香《か》』に書かれた「閨に入ていやらしきは年寄同士」とは、老年の性を肯定しているわけである。性戯に何があろうが、別に「いやらしき」とは思わぬが、いろいろな楽しみ方はあるということだ。さらに生殖を目的としないことは、交接からも自由になりうるわけで、性愛の楽しみは、じつはより純粋にここから始まるともいえるのである。

そして、老年ということ、性愛ということに偏見を持たぬことだ。さすれば、自由に種々の事をも考えつこうし、また自由に行動に移すことも可能となるであろう。長寿であることが即よいことかどうかはわからないが、性愛を手離さないことが、より若くより健康でいられることとの秘訣であるとは、最近の医学でもよくいわれることである。そういった面からも、我々は、江戸時代の老人たちに学ぶべき点は多いといわねばなるまい。

実際に、実行云々のことばかりではなく、彼らの色事に対する取り組み方、あるいは考え方というものをもっと知り、そして認識を新たにするということは、ぜひとも必要だと思われる。いまだに性愛についての認識が硬直していて、たとえば、大英博物館で開催された「大春画展」さえもが、この日本には持ち帰れないというのだから、情けないというか、何を考えているのかわからなくなる。いや、何も考えてりゃしないのだ、という声もあって、それはそれとして、いつもの官僚的な対応の一つなのだろう。しかし、こういう思考停止ばかり繰り返していると、いまに日本は世界の迷い子となってしまうだろう。

図版一覧

11頁　菱川師宣《ひしかわもろのぶ》『恋のむつごと四十八手』
12-13頁　菱川師宣『絵本雑書枕』
14頁　鳥居清信《とりいきよのぶ》『欠題組物《けつだいくみもの》V』
15・16頁　鳥居清信『閨屏風《ねやびょうぶ》』
17頁　奥村政信《おくむらまさのぶ》？『艶本姫鑑《えほんひめかがみ》』
18頁　奥村政信『珍席床《ちんせきとこ》の継席《けいせき》』
19頁　宮川春水《みやがわしゅんすい》『開中早美来《はやびき》節用集《せつようしゅう》』
20-21頁　宮川春水『百色初《ももいろはじめ》』
22-23頁　小松屋百亀《こまつやひやつき》『枕入秘曲 活花二人契子《いきばなふたりけいこ》』
24頁　北尾雪坑斎《きたおせっこうさい》『赤屄賦《せきべきのふ》』
26頁　鈴木春信《すずきはるのぶ》『風流艶色真似《えんしょくまね》ゑもん』
27頁　西川祐信《にしかわすけのぶ》『男色山路露《なんしょくやまじのつゆ》』
28-29頁　磯田湖龍斎《いそだこりゅうさい》『真似鉄炮《まねてつぽう》』
30-31頁　磯田湖龍斎『咲本色春駒《えほんいろはるこま》』
32-33頁　磯田湖龍斎『色物馬鹿本草《しょくもつばかほんぞう》』
34-35頁　北尾重政《きたおしげまさ》『艶本色見種《えほんいろみぐさ》』
36-37頁　北尾重政『絵本当嬋狂《いたしおんきょう》』
38-39頁　勝川春章《かつかわしゅんしょう》『色道三津伝《しきどうみつのでん》』
40-41頁　勝川春章『葉男志那三話《はなしなさんな》』
42-43頁　勝川春章『艶美珍画番《つがい》枕《まくら》陸《くが》の緑《みどり》』
44-45頁　勝川春章『會本色好乃人式《えほんしょくこうのにしき》』
47頁　鳥居清長《とりいきよなが》『好色末摘花《こうしょくすえつむはな》』
48-49頁　速水春暁斎《はやみしゅんぎょうさい》『絵本見夜野潤《みよのうるおい》』
50-51頁　月斎峨眉丸《げっさいがびまる》『艶本為久春《えほんいくはる》』
52-53頁　北尾政美《きたおまさよし》『艶本《えほん》いろは具《ぐ》さ』
54-55頁　北尾政美『艶色 倭瞿麦《えんしょくやまとなでしこ》』
56・58-59頁　北尾政美『艶本枕文庫』
60-61頁　勝川春潮《かつかわしゅんちょう》『笑本婦久阿羅恋《えほんふくあられ》』
63頁　喜多川歌麿《きたがわうたまろ》『歌満《うたま》くら』
64-65頁　喜多川歌麿『會本美津埜葉那《えほんみつのはな》』
66-67頁　歌川豊丸《うたがわとよまる》『會本婦美好図理《ふみすずり》』
68頁　菊川英山《きくかわえいざん》『婦多葉《ふたば》のさかえ』
69頁　喜多川月麿《つきまろ》『会度睦羅咲《えどむらさき》』

70-71頁　喜多川月麿(喜久麿《きくまろ》)『會本執心久楽《しゅうしんぐら》』
72頁　歌川豊国《とよくに》『絵本開中鏡《かいちゅうかがみ》』
74・75・77頁　歌川国虎《くにとら》『祝言色女男思《いろなおし》』
80頁　柳川重信《やながわしげのぶ》『天野浮橋』
81頁　歌川貞虎『風俗和家三津《わかみず》』
87頁　西川祐信『好色土用干《こうしょくどようぼし》』
89頁　西川祐信『色ひいな形』
90・91・92頁　月岡雪鼎《つきおかせってい》『艶道日夜女宝記《えんどうにちやじょほうき》』
94-95頁　竹原春朝斎《たけはらしゅんちょうさい》『笑本邯鄲枕《えほんかんたんまくら》』
96・97・98-99頁　菊川秀信《ひでのぶ》『風流三代枕』
100-101頁　磯田湖龍斎『色錦姿の花』
102-103頁　磯田湖龍斎『色物馬鹿本草』
104-105頁　北尾重政『謡曲色番組《いろばんぐみ》』
108-109頁　勝川春章『會本色好乃人式』
110-111頁　勝川春章『會本栄家大我怡《えほんえいがたいがい》』
112-113頁　勝川春潮『阿満男婦寝《あまおぶね》』
114-115頁　喜多川歌麿『艶本仕男沙汰女《しなさだめ》』
116-117頁　喜多川歌麿『會本色能知功佐《いろのちぐさ》』
118-119頁　喜多川歌麿『會本三女歌多智《みめかたち》』
120-121頁　喜多川歌麿『艶本多満久志戯《たまくしげ》』
122-123頁　歌川広重『春の世話』
124-125頁　恋川笑山《こいかわしょうざん》『艶色生写』
133頁　吉田半兵衛『好色訓蒙図彙』
134頁　西川祐信『色道談合草《しきどうだんごうぐさ》』
135頁　祐信他の取合本
136-137頁　川嶋信清《かわしまのぶきよ》『好色三《こうしょくみつ》の里《さと》』
138-139頁　蘇雲斎千酔《そうんさいせんすい》『欠題艶本《けつだいえほん》』
142-143頁　喜多川歌麿『會本三女歌多智』
147頁　鈴木春信『風流艶色真似ゑもん』
150-151頁　司馬江漢《しばこうかん》『艶道増《びどうます》かゞみ』
152-153頁　北尾重政『艶本色見種』
156-157頁　勝川春章『さしまくら』
160-161頁　喜多川月麿『笑本柳巷始開花《さとのはつはな》』
162頁　歌川国麿『金瓶梅《きんぺいばい》』
163頁　伊藤晴雨『論語通解』
165頁　歌川豊国『絵本開中鏡』

あとがきにかえて

二〇一四年秋、誕生日をあと五日待たずして、父白倉敬彦がこの世を去った。心の中でふと、「一歳でも若い方が良かったのかなぁ」などと人知れず想う私に、幼い頃住んでいた家の近く世田谷の城址公園で、石垣の階段から笹を手折っては、笹笛や笹舟を作ってくれたことを、なぜかこの本の手書き原稿を読みながら、思い出していた。

同じ場所、同じ笹であっても、そのときどき少しずつ違う。目の前で父の手の中に現われてくる笛を吹いてみては、音色をたしかめ、手のひらに乗せて眺め終えた舟を水辺に浮かべては、観察した。傍らにはいつも父が居た。

本書には、むつまじいという言葉がよく出て来る。色事ではないが、我が家には睦まじい朝の光景というのがあった。朝起きて、パンを焼く匂い、コーヒーの香り漂う中、父の好きな果物が並ぶ朝食のテーブルで、右足の曲がらない父の靴下を、母が毎日履かせているのである。両人にとっては、一緒になってからの数十年、当たり前の習慣であって、何の意識もなかったであろうが、娘の私からすると、むつまじいとは、こういったことかと想う。なにかしら動物のグルーミングを連想させて、ライオンや豹までも、穏やかに心地よさげに目を細めている表情が浮かんでくるのである。灰になるその瞬間まで、我が家のその睦まじさは存在した。

フランス文学に詩、現代美術やグラフィックデザイン、版画や日本美術、そして浮世絵春画の世界。時代を駆け抜けるように、歴史を深く掘り下げるように、編集者として、研究者として、最期まで沢山の物を作り続けて生き抜いた父。

この一冊の本も、大海に浮かぶひとつの小さな笹舟であるのかも知れない。軽やかに風に乗って、何処か外国の砂浜にまでたどり着きはしないだろうか。たとえ大波にもまれても、魚や貝や海藻とともに海底に根付いてはくれないだろうかと、願うばかりである。

そして、今このとき、本書を読んでくださっている方々に、心から感謝申し上げたい。手に取り、ここまで読んでくださって、本当に有り難うございました。

そしてまた、父がお世話になったすべての方々に、心から感謝し御礼申し上げます。

海外も含め沢山の学者や研究者の方々、出版社の編集者の方々、美術館や画廊の方々、カメラマンやライターの方々、すべての関係者の方々に深く感謝しております。

特に本書においては、父亡き後、右も左もわからぬ私が引き継いだにもかかわらず、このように立派に出版してくださった平凡社と新書編集部の皆様に厚く御礼申し上げます。この本を世に出してくださってありがとうございました。

そして急なお願いであったのに、私と母の是非との想いを叶えてくださり、大変ご多忙の中、本書の解説を快諾してくださった上野千鶴子先生に、心の底から感謝申し上げます。本当に有り難うございました。

二〇一四年　師走　父の書斎にて

白倉奈保

新造とその夫との交歓、もう若くない男女の喜悦……が、生命の賛歌と言ってよいようなおおらかな筆づかいで描かれている。

わたしが春画研究を始めた八〇年代は、野蛮な時代だった。有名な春画コレクター、高橋鐵さんの本など、局部がべったり黒塗りされて、醜いありさまだった。日本の浮世絵は、線彫りの繊細さが売りもの。性器まわりの陰毛の緻密さには、ほれぼれとしたものだが、その部分がすっかり隠されていた。それどころか、春画の特徴は、性器のリアリズムと、肉体描写の様式性の組み合わせにあるのに、そのいちばん核心の部分をべた塗りで隠してしまうのだから、何をか言わんや、である。

その後、春画の出版は次々に解禁されていった。その過程でもっとも功績のあったのが、ほかならぬ白倉さんである。白倉さんは春画については稀代の博覧強記、図柄や筆づかいを見ただけで、「これは英泉ですな」「これは湖龍斎だね」と、ぴたり、と当てる。それにどんな無理難題にもただちに答えてくれる。「白倉さぁん、御殿女中の張形使いものはありませんかね」とおたずねすると、「ああ、これとあれとがあります」とするする出てくる。まるでアタマの中が春画アーカイブになっていて、そこに検索をかけるとどんなデータでもただちにググれるかのようだった。

白倉さんのさまざまな功績のなかでもっとも大きい功績は、学研の春画集成『浮世絵秘蔵名品集』全四巻の刊行だろう。一冊二〇万円、全巻揃いで八〇万円。完全予約制で三〇〇部。一般の流通ルートに乗せない、学術目的ということで、小林忠さんや早川聞多さんなど、研究者を動員して解説をつけて刊行した（一九九一―九二年）。白倉さんはこの刊行に、編集者として関わった。大日本印刷という世界でもトップクラスの印刷技術を持つ印刷会社を使い、原寸大の総カラー印刷の浮世絵春画のコレクションである。実はわたしはこれを持っている。このなかに鳥居清長の「袖の巻」の原寸大複製があって、拡げるたびにほれぼれする。ホンモノに手が出ないわたしのような愛好者には、垂涎の的となった刊行物であった。これが日本における春画の無修正版刊行の嚆矢ではなかろうか。

それ以降、春画刊行のタブーは次々に解かれてきて、河出書房新社版のリチャード・レインの写真集シリーズや、平凡社『別冊太陽』の春画特集など、無修正版がどんどん出るようになった。『太陽』の編集者にたのまれた推薦文に、こう書いて、編集者に喜ばれた。

「春画は、日本が誇る世界遺産である」

ヨーロッパや東アジア、イスラム圏の同時代のエロティック・アートをいくつも見たが江戸春画の芸術性にはとうていかなわない、とわたしは確信している。

どんな研究も、資料がなければ成り立たない。春画研究は、長らく資料へのアクセスそのものがむずかしい分野だった。日本にいる何人かのコレクターは、コレクションを秘匿し、わずかなながまたちだけがそれを見る機会を得た。日本の春画は、明治期にも戦後にも海外に大量に流出して、ボストン美術館や大英博物館の東洋美術部門には、膨大なコレクションがあるのだけれど、それはお蔵に入ったままだった。ボストン美術館収蔵浮世絵コレクションの里帰り展が国内で開催されたが、そのなかに、春画は含まれない。大英博物館が、最近ついに収蔵した春画を公開展示する企画展を開催したが、それが日本に里帰りする可能性はいまのところ、ない。だからわたしが春画にアクセスしたのは、アメリカのキンゼイ・インスティテュートだった。『キンゼイ・レポート』で有名な性科学者のアルフレッド・キンゼイが設立した、インディアナ大学の構内にある私設の研究所である。そこでも身分証明書を示し、研究目的であることを申告して、初めて利用を許された。

そういう春画研究の状況に対して、白倉さんがプロデュースした学研版『浮世絵秘蔵名品集』は、その規模と網羅性において、画期的なものだったのである。

その後、白倉さんは次々に春画研究の書物を著した。白倉さんだけではない、田中優子さんやタイモン・スクリーチさんなど、春画研究者というべきひとびとがぞくぞく登場した。本を出すたびに、白倉さんはわたしに著書を送ってきて、「あなたが書かないから、ボクが先に書くんですよ」と、挑発するような発言をした。白倉さん、挑発にのらなくて、ごめんなさい……

白倉さんのあまたある春画研究の著書の、本書が絶筆となった。

それが『老人の色事』ときた。章の構成は、「老爺の色事」「老婆の色事」「老夫婦の色事」とバランスがよい。

「性的欲望は、男女ともに灰になるまである、というのが、江戸時代までの性的概念であって、それゆえに、男女ともの老人の性は認められていた」

白倉さんが「はしがき」でそういうとおり、江戸のひとびとは、老人にも性欲があると考えており、しかもそれに男女の差はない、と思っていた。それが近代になって「男の老人の性については、暗黙裡には認められていて、無視されたのは、女の老人の性であった」とあるとおりである。

だから、老爺も老婆も春画には登場する。もとより、春画は描かれた表象だから、現実をありのまま写し取ったとみなすのはまちがいである。春画は「わ印」とも言われるように、「わらい絵」。皮肉や風刺をきかせて、なかまうちでくすりとわらう、そのような鑑賞のされ方をしたものである。だからこそ、イギリス人のスクリーチさんが『春画——片手で読む江戸の絵』（高山宏訳、講談社、一九九八年）という本を書いたとき、白倉さんはそれに『江戸の春画——それはポルノだったのか』（洋泉社、二〇〇二年）のなかで反論した。「片手で読む」とは何を意味しているかといえば、もういっぽうの片手は春画を見ながらせんずりに忙しい、ということを指す。つまり春画は昨今のポルノやAVと同じように、「ヌク」ための実用品だった、というのがスクリーチさんの見解だが、白倉さんはそれに異議をとなえる。春画は江戸の旦那衆の文化消費のツール。オモテの掛け軸を巻き上げると、そのウラから春画があらわれる、すると旦那衆がどっとわくとか、羽織裏に絵師に春画を描かせ、羽織を脱ぐとそこからご禁制の春画があらわれるという粋な趣向のために使われた。もともと座や連のなかで集団的に消費されたものだという。現代のポルノのように、密室で孤独に「ヌク」ために使われたのではない。たしかに春画のなかには「淫情を催させる」ものもあるが、それ以上に、笑いの要素が大きい。わたしはどちらかといえば、白倉説のほうがあたっていると思う。スクリーチさんの見方には、現代人のポルノ消費を江戸時代のひとびとに投影したオリエンタリズムを感じる。

老人の性は、「わらい絵」である春画のなかでも、からかいのタネになりやすい。欲望はあるのに、モノが役に立たず、若い者から相手にされない老人の焦りや嘆き。睦事に励む若夫婦をのぞき見しながら、勃たない逸物を弄う老爺。カネにまかせて妾を囲っても、妾には情夫がいてあたりまえ、という現実。

老婆も負けていない。「女は灰になるまで現役なのです」と、火鉢の灰をかいて、乃木大将の母は教えたとか。老爺に劣らず、男妾を相手にしたり、若いカップルの情事に介入したりする。閉経後らしい老婆が、巨根を相手に「いたた」などとこぼすのは、なかなかリアルである。

ほのぼのするのが「老夫婦の色事」。本書の西川祐信の描く老夫婦は、口吸いもすれば、交合もする。おだやかな喜悦の表情がよい。年の頃合いからいえば、いまなら五〇代か六〇代ぐらいだろうか。そんなに高齢とも思えない。この年齢の日本の夫婦の現在はどうだろう。日ごろ口を吸いあい、セックスしあうむつまじい夫婦はどれだけいるだろうか。愛情表現はかたちにあらわしてこそ。スキンシップは大切だ。白倉さんはこんなおだやかな老後を味わわれただろうか。

最後に書いておきたいことがある。白倉さんは、初めから春画研究者だったわけではない。彼には『夢の漂流物《エパーヴ》』（みすず書房、二〇〇六年）という回想録がある。「私の70年代」と副題のある本書には、瀧口修造、荒川修作、飯島耕一、吉増剛造、安藤次男など、綺羅星のごとく戦後の「前衛」を担ったアーティストや詩人たちとの交友が描かれる。白倉さんは、稀代のディレッタントでスタイリスト、モダニストにしてポストモダニストだ。

このひとを江戸の春画へ向かわせたものはいったい何だったのだろうか。モダニズムの挫折？　西欧への懐疑？　あるいは日本近代へのふかい失望？

……それを聞きそびれた。聞くべきことを聞いておかなかった。

悔やんでも悔やみきれない。

（社会学者）

【著者】
白倉敬彦（しらくら よしひこ）
1940年北海道生まれ。浮世絵研究者、文筆業。早稲田大学文学部中退。長年にわたり、現代美術から浮世絵にいたる美術書を企画編集、近年では浮世絵・春画の研究に携わる。2014年10月逝去。著書に、『江戸の色恋』（洋泉社）、『夢の漂流物』（みすず書房）、『絵入春画艶本目録』（平凡社）、『江戸の春画』『春画の謎を解く』（洋泉社新書y）、『江戸の旬・旨い物尽し』（学研新書）、『口説きの四十八手』『恋のむつごと四十八手』（平凡社新書）、『吉原ものがたり』（学研M文庫）のほか、『春画』『続春画』『肉筆春画』（平凡社別冊太陽）などの編著がある。

平 凡 社 新 書 7 6 1

春画に見る江戸老人の色事

発行日——2015年1月15日　初版第1刷

著者———白倉敬彦

発行者——西田裕一

発行所——株式会社平凡社
東京都千代田区神田神保町3-29　〒101-0051
電話　東京（03）3230-6580［編集］
　　　東京（03）3230-6572［営業］
振替　00180-0-29639

印刷・製本—株式会社東京印書館

装幀———菊地信義

ISBN978-4-582-85761-0
NDC分類番号382.1　新書判（17.2cm）　総ページ184
平凡社ホームページ　http://www.heibonsha.co.jp/

解説——聞きそびれたことなど

上野千鶴子

白倉敬彦、二〇一四年一〇月四日没。享年七三歳。

本書が遺作となった。それにしても、タイトルが『春画に見る江戸老人の色事』とは。ちょ、ちょっと、待ってよ、白倉さん、春画研究は老後の娯しみ。性欲は衰えても、妄想はますます盛んなり。一緒に春画の本を書きましょうよ、と言っていたのに、先に逝ってしまうなんて。老後になったら……と言いながら、あいかわらず仕事に追いまくられて、わたしの「老後」はいっこうにやってこない。そのうち、そのうちに、と言っているうちに、時間切れとなった。後悔先に立たずとは、このことである。

わたしが春画研究に興味があると知って、読者は驚くかもしれない。八〇年代の早い時期から、わたしは江戸春画の研究にのりだした。春画について書いた短い論文なら、いくつかある。いつか単著を、と思いながら、「老後になったら」の、その「老後」がいつまで経ってもやってこない。

一九七六年、フランスの哲学者、ミッシェル・フーコーが『性の歴史』を刊行し、三巻まで書いて、道半ばにして没した。この本は、性の研究のパラダイムを大きく変えた。それまで性の研究すなわち性科学 sexology は、人間のもっとも動物的な部分である性行動を研究するものだと思われてきた。だから性科学者は、動物行動学、生物学、内分泌学、産婦人科学など、自然科学分野のひとびとだったのだが、フーコー以降、性の研究について「自然」と「本能」ということばは、禁句となった。なにしろ性に歴史がある、というのだから、性（ここではセックス sex ではなくセクシュアリティ sexuality のこと）は人文社会科学の対象となったのである。

わたしはフーコーの影響を受けて、日本近代の性の歴史研究にのりだした。最初にわかったことは、日本近代の性についての観念が、西欧の影響下にあることだった。それなら、と時代をさかのぼり、西欧の影響を受けていない日本人の性についての観念を知ろうと思い、江戸時代にたどりついた。そこにあった性の表象の宝庫が、春画だったのである。

日本の春画は、まずもって美しい。わたしは春画に魅了された。わたしがもっとも好きなのは鳥居清長の「袖の巻」だが、そのなかには、若い娘と若衆とのまぐわい、太り肉《じし》の